——— 经济学名著译丛 ———

社会主义经济理论

〔波兰〕奥斯卡·兰格
〔美〕弗雷德·M.泰勒 著

张辑 译

On the Economic Theory of Socialism

商务印书馆
The Commercial Press

Oskar Langen & Fred M. Taylor
ON THE ECONOMIC THEORY OF SOCIALISM
© University of Minnesota Press, 1939.
本书根据明尼苏达大学出版社 1939 年版译出

目　　录

前言 ··· 1
引论 ································· 本杰明·E.利宾考特　2
社会主义国家的生产管理 ················ 弗雷德·M.泰勒　27
社会主义经济理论 ······················· 奥斯卡·兰格　36
　Ⅰ. 目前的辩论状况 ·· 36
　Ⅱ. 竞争性市场均衡的决定 ······································ 42
　Ⅲ. 社会主义经济的反复试验法 ································· 47
　Ⅳ. 反复试验法的普遍适用性 ··································· 60
　Ⅴ. 经济学家支持社会主义的论据 ······························· 66
　Ⅵ. 关于过渡经济政策 ·· 83

附录　马克思主义文献对社会主义资源配置的论述 ·············· 90
推荐文献 ··· 102
译者后记 ··· 105

前　　言

本书是有关政府管制经济秩序问题系列丛书的第二卷。本系列丛书的第一卷指出，政治家首先要了解要管制对象的本质，否则就不能明智地处理管制问题，而不能明智地处理管制问题最终还是他自己的问题。政治家关心两种主要类型的管制：资本主义的经济管制和社会主义的经济管制。本卷研究的是社会主义的经济管制，下一卷讨论资本主义的经济管制。

本卷收入的论文是由弗雷德·M. 泰勒（Fred M.Taylor）和奥斯卡·兰格（Oskar Lange）撰写的。这两位经济学家从经济理论及其实践可行性的视角研究了社会主义的经济管理及运行。在这两篇经济短论之前有一段介绍性的引论，其目的不仅仅是介绍这些专业性经济文献的背景，也是为非经济学专业的读者概括文献的主要论点。引论还有一个目的：简明扼要地指出关于政府管制经济秩序问题的经济文献的重要性。

编者衷心感谢《美国经济评论》（*American Economic Review*）和《经济研究评论》（*Review of Economic Studies*）的编辑惠允再版这些论文。

引　论

本杰明·E. 利宾考特 *

I

资本主义的民间传统认为：社会主义经济是行不通的。像资本主义文化中的许多其他信仰一样，此种观点不仅为街头巷尾的普通人广泛地坚持，也为经济学家所认可。迄今为止，在业已提出的所有反对社会主义的言论中，最激烈的莫过于如下论断：社会主义在实践中是行不通的。基于社会和道德的理由，有道德意愿的人可能同意民主类型的社会主义国家比资本主义国家优越，但他们很少考虑建设这样一个国家，因为他们已经认定这是行不通的。倘若要求他们解释自己的立场，他们很可能会说两点：社会主义不能提供足够的诱因激励人们努力工作，创办企业和发明创造；社会主义在经济上是行不通的。

最应该为目前这种流行观点负责的人是社会主义者自己。不是马克思主义经济学家没有意识到这个问题，而是他们一直以来都

---

* 明尼苏达大学政治学副教授。

用不完善的李嘉图经济学①概念思考它。马克思之后，马克思主义经济学家普遍坚持劳动价值论，结果是他们认为正统经济学发展起来的各种经济工具极少或根本没有什么意义。但具有讽刺意味的是，正如下述短论将要证明的，恰恰是他们忽略的观点可以引导他们对"社会主义在经济上是可行的"这一命题做出令人印象深刻的专业证明。

如果要马克思主义经济学家对没能说明社会主义日常经济在实践中的运行方式负主要责任的话，那么经济学家以外的社会主义作者对之也负有一些不可推卸的责任。历史学、社会学和政治学的作者，如韦布夫妇（Webbs）、托尼（Tawney）和拉斯基（Laski）为构建社会主义国家制度已做的工作令人惊叹，但他们从未提出研究这样一个国家的经济状况的要求，即使经济状况对他们所构建的制度有生死攸关的影响。他们还没有充分考虑社会主义国家赶上或超过资本主义已有生活水准必须满足的经济条件。从专业的观点看，他们对社会主义与资本主义相比较的各种经济优势和劣势都未能给予足够的关注。但是，除非他们对社会主义国家的经济状况有某种程度的了解，能够从经济方面提出赞成社会主义国家的论据，否则即使他们是历史学家和政治学家，也几乎没有任何希望说服广大群众相信他们支持的国家类型。

诸如韦布夫妇、托尼和拉斯基这些著述者已经表明，他们对社会主义国家的经济问题缺乏兴趣，因为在他们看来，这些问题不在

---

① 参见原书 132 页和 141 页后文。Oscar Lange, "Marxian Economics and Modern Economic Theory," *Review of Economic Studies*, June, 1935.

他们研究的专业领域内，并认为社会主义的愿望问题本质上不是一个经济问题。此外，他们对马克思主义经济学的主要原理——劳动价值论和剩余价值学说的各种缺点印象深刻，普遍认为主流经济学家对建设社会主义国家缺乏兴趣或持反对意见。

几乎所有的社会主义者都在某种程度上受到马克思主义如下观点的影响：社会主义经济的实际工作问题只有等到社会主义者自己掌握了国家的控制权才能解决。换言之，社会主义者解决他们的问题很大程度上是从历史沿革的观点出发的。这种做法的结果是他们曾经坚持将来的事只有等时机成熟了再说。更甚者，许多社会主义者从马克思的辩证历史观得出的结论是一个确定无疑的宿命论；断定社会主义是社会发展的必然阶段，所以认为社会主义的经济问题按事物的本质将自行解决。相信社会主义是一种必然现象但需为之奋斗的其他社会主义者，将马克思主义作为行动的纲领，投身致力于政治活动而无暇顾及社会主义的经济，使之成为一个等待恰当时机解决的问题。

毋需赘言，关于社会主义经济的思想之所以不够丰富，主流经济学家，即马歇尔学派、奥地利学派和洛桑学派的经济学家是负有一定责任的。他们坚持经济理论的固有领域是严谨地应用逻辑和数学的纯粹的抽象领域，从而将自己的分析大部分局限于静态均衡的条件——一种排除了变化、各种经济力量处于平衡状态的条件。这种做法的结果是他们很少注意制度上的各种思考。不过，他们认可的制度几乎毫无例外地始终是资本主义制度。他们之所以认可资本主义制度是唯一合乎自然的，首先在于他们是在资本主义经济社会里被养育成人的，一般来说是占支配地位的中产阶级的成员；

其次是经过若干年后资本主义国家在某种程度上已接近他们理想的经济社会。

正是主流经济学家的这种特殊立场阻碍了对社会主义经济状况的研究，即本质上是对社会主义特有的各种经济制度的研究。一方面，尽管用马克思的理论考察资本主义的发展演变也可以引导主流经济学家认真地考察社会主义，但他们认为各种制度性思考只是枝节问题，这些观念根深蒂固，使得其将资本主义的发展演变问题仅仅作为纯粹的历史而搁置不论。另一方面，主流经济学家对资本主义的各种经济制度——生产资料私有制和私人企业——也深信不疑，乃至从来没有阐明他们的各种主要理论对社会主义经济和资本主义经济是同样适用的。而且，他们对资本主义的各种制度是如此执迷不悟，从未考虑社会主义各种制度也许更接近他们理想的经济社会，尽管这在理论上是确凿无疑的。由此可见，主流经济学家不关注社会主义经济状况，或者因为他们始终全神贯注于纯粹的理论范围，或者因为他们一直以来只关注资本主义的各种制度。

应该重申的是，上述批评适用于主流经济学家群体而不是所有的主流经济学家，因为始终都有例外情况。第一个说明经济理论的正统原理适用于社会主义经济的主流经济学家是帕累托（Pareto）。第一个拓展帕累托的思想并证明经济理论的正统原理适用于社会主义经济的主流经济学家是巴龙（Barone），属于洛桑学派（瓦尔拉斯和帕累托）。弗雷德·M. 泰勒是一位主流经济学家，第一个说明了社会主义经济如何才能在实践中得以运行。而另一位主流经济学家弗兰克·奈特（Frank Knight）业已指出，主流经济理论不仅适用于资本主义经济，也适用于社会主义经济。

现在，庇古（Pigou）是目前在世的最伟大的理论经济学家之一，其本人继承了整个马歇尔的经济学传统，最近得出的结论是：社会主义经济尽管实施起来"极其困难"，但在理论上是可行的，在实践上也是可行的。他在专著《社会主义和资本主义》（*Socialism versus Capitalism*）①中坚持认为，按经济技术的理由，社会主义经济在大多数方面比资本主义经济优越。很明显，主流经济学的领袖对社会主义的评述的确是赞同性的；事实上，主流经济学的领袖已经取代了费边社会主义者，甚至警示过费边主义②的主要危险。庇古说，"循序渐进"不能成为守株待兔的委婉说法。

II

不论对"社会主义是行不通的"这一广泛流行信念的解释是什么，我们在此要研究的是社会主义从经济的视角看是否可行。社会主义经济问题有两个方面。首先，是由社会主义经济的当权者决定消费者购买什么样的产品，还是和资本主义制度差不多；由消费者决定社会主义经济的当权者生产什么样的产品；用更专业的表达方式说，是否存在消费者选择的自由。其次，资源投入生产时是否有最大的产出，也就是资源能否得到有效利用；用更专业的表达方式

---

① 在本书的这几篇论文汇集成册出版后，《社会主义和资本主义》在1937年秋于伦敦出版。

② 费边主义（Fabianism）源自费边社（the Fabian Society），是主张以缓进的方法实现社会主义的一系列信条。费边社会主义者（Fabian Socialist）则指那些主张通过合法的渐进改革而非暴力革命实现社会主义的改良派。

说，社会主义经济有没有合理配置资源的可能性。

当然，第一个问题容易解决。按定义，社会主义经济以消费者的选择自由为先决条件。根据经典文献界定，社会主义经济指仅仅使生产社会化的经济，它和使生产与消费二者都社会化的共产主义社会截然不同。本书的作者泰勒和兰格，就是在经典意义上研究社会主义经济的。他们都假设消费和职业都有选择的自由。因此，对这些著作者而言，自然推出了如下的结论：消费者对产品的需求价格（即他们准备为产品支付的价格）表示了消费者的偏好，是生产的指导标准，最终也是资源配置的指导标准。因此，实际上和资本主义国家的公民决定私人企业生产什么一样，社会主义国家的公民实际上决定社会主义经济的管理者生产什么样的商品。

第二个问题的解决就要困难得多。事实上，资源的合理配置问题是社会主义经济的核心问题。为了解决这个问题，了解诸如土地、矿藏、水力和各种各样的劳动等原始生产要素的相对重要性（比较权重）是非常关键的。资源的合理配置问题实际上是估计和确定原始生产要素在经济上的相对重要性。如果要对各种要素进行核算，我们就必须有能力评估这些要素的经济价值，即使不能做得非常精准。如果要最大程度地合理使用稀缺资源，经济核算就是必要的。

譬如，在制造一种产品时，若要计算一种要素和另一种要素配置应该投入的数量，了解原始生产要素就非常必要；再譬如，在制造铁路列车的车厢时，就需要知道钢与铝的配置比例，确定使用多少钢。同样，如果要知道什么时候用一种产品代替另一种产品，什么时候用柴油机代替蒸汽机，也必须了解原始要素。在组合各种生产要素时若要成本最小化，并要产品的销售价格包括其成本，就必须进行经济核算。换言之,如果我们要合理经济地使用稀缺资源,就不能缺少经济核算。没有经济核算,必然会导致资源的错误使用和巨大的浪费。一个不实施经济核算的社会注定只能享有较低的生活水准。

竞争性的经济社会的优点在于它能大致实现资源的合理配置。在竞争性的经济社会,原始生产要素由市场定价。在市场上,买方和卖方为租用这些要素彼此竞相出价并讨价还价;他们成交的价格代表所有的买方和卖方共同认可的要素价值。这些价格在经济上极为重要,即它们标示这些要素的相对重要性;反映了迫于竞争压力的人们为追求最大化利润而努力节约使用资源时赋予要素的价值。竞争是为了获取利润,这样的结果是,竞争性的经济社会倾向于做两件事:成本最小化;使产品的销售价格等于它的生产成本。这种倾向是竞争性的经济社会的重要优势。任何一个经济社会若要和竞争性的经济社会相抗衡,就必须表明它也有做同样的两件事的合理假设。否则就没有理由让人相信,它能有效地利用经济社会的各种资源。

著名的维也纳经济学家米塞斯(von Mises)是领头反对社会主义的经济思想家,曾经严密地论证资源的合理配置在社会主义国家是不可能的,理由是生产工具的公有制消除了资本品市场。冯·米塞斯的结论是没有资本品市场,就不会有反映生产要素相对重要性的资本品价格,经济核算也就无从谈起。

奥斯卡·兰格在本卷中指出,米塞斯通过混淆各种价格的性质而否认社会主义国家的工业存在资本品价格。兰格提出理由证明,如果价格不是在狭隘的(和普通的)字面意义上被视为市场上的交换比率(或者可用来购买物质资料或劳务的资金),而是理解为一般意义上的"可以提供替代品的条件",那么社会主义的经济核算就没有什么障碍。因为市场的缺失不妨碍人们为了资源配置的目的而规定各种物质资料的核算价格或用一个暂估价。

显然,规定资本品各行业的核算价格对社会主义国家并不难;真正的问题是,核算价格有没有经济依据,或者它是完全随意的。米塞斯坚持认为,由此确立的核算价格会非常随意——理由当然是没有资本品市场,因而不能对这些商品定价。甚至社会主义学者科尔(G.D.H. Cole)也坚持认为,核算价格是很随意的。

虽然米塞斯自1920年始就一直诘难社会主义者,但实际上他的论据在20世纪早期就被意大利经济学家巴龙证明是错误的。在撰写于1908年的"集体主义国家的生产部门"(Ministry of Production in the Collectivist State)那篇著名论文中,巴龙证明,原则上社会主义经济社会的核算价格和竞争性经济社会的市场价格有同样的经济依据。按照帕累托的提示,巴龙通过运用联立方程的数学演算,第一个证明了社会主义经济可以实现资源的合理配置。而且,他的分析表明社会主义经济体制和竞争性的经济体制有着巨大的形式上的相似性;确实,他坚持认为社会主义经济体制的生产组织方式和竞争性的经济体制完全一样。巴龙的论文是一次开拓性的投石问路,显然可用以批驳主流经济学的抨击。

继米塞斯之后,伦敦经济学院的哈耶克(Hayek)和罗宾斯(Robbins)教授是众多反对社会主义的经济学家的领头学者,明显受了巴龙的影响。他们已经占据了攻击的第二道防线,一条在接受一项原则后通常被占据的防线。他们承认社会主义国家资源的合理配置在理论上是可行的，但否认在实践上可以解决它。他们坚持认为，为规定各种产品价格，社会主义国家的中央计划委员会（The Central Planning Board of a Socialist State）（后简称"中央计划委员会"）就必须有"完整的不同数量的所有商品的清单，所有商品在人们可以购买的不同商品的价格的任意组合上售罄"。他们还辩称，中央计划委员会在实施经济决策前，必须求解联立方程，做千万次的甚至数百万次的计算。而运用目前已知的任何方法，这些计算毕其一生也不能有解。

本卷收入的文章"社会主义国家的生产管理"，实际上为哈耶克和罗宾斯争辩的问题提供了答案。该文是由已故教授弗雷德·M.泰勒在1928年撰写，早于哈耶克和罗宾斯对社会主义发起的攻击，是在巴龙的贡献基础上有进展标志的第一篇文章。尽管巴龙指出，用试算法可以解决在社会主义经济中实现资源合理配置所必需的各种计算问题，但他并没有说明如何使用这种方法求解。

这一问题留给了泰勒，是泰勒说明了如何用试算法求解。关键的问题是确定各种原始生产要素的相对重要性（泰勒称之为"实际重要性"）。依据泰勒的说法，每一种原始要素的相对重要性导源于数不清的商品的重要性，并由数不清的商品的重要性决定，这些数不清的商品是由各个生产过程的整个集合生产的。问题是，如何以具体的方式确定每种要素的相对重要性？泰勒的答案是，按货币标准给每一种要素指定一个暂估价，然后社会主义各个行业的管理者将它视为绝对正确的，以此为标准继续经营。

这样，如果社会主义经济管理者对某一种特定要素指定的价值过高或过低，事实就会以明白无误的方式暴露。若指定的估价太高,导致管理者使用该要素过度节俭,在生产周期末就会出现要素剩余;若指定的估价太低,导致管理者使用该要素过度浪费,在生产周期末就会出现要素短缺。剩余或者短缺——无论哪一种情况,都是对一种要素每次估价错误的结果。借助连续的反复试验法揭示每种要素的相对重要性,就能发现它的正确估价。换言之,凭借反复试验法,就能确定每种要素的正确的核算价格。

在哈耶克和罗宾斯发起对社会主义的理论攻击后,兰格将泰勒的分析作为论据的基础,写文章予以直接反驳。兰格指出,社会主义经济社会用反复试验法确定核算价格和竞争性市场上商品价格的实际决定方式基本上是一样的,所以他们的观点是站不住脚的。兰格认为,中央计划委员会既无须像哈耶克似乎想要的那样,有"完整的不同数量的所有商品的清单,所有商品在人们可以购买的不同商品的价格的任意组合上售罄","也不必求解成千上万的方程,唯一需要'求解'的'方程'是那些消费者和生产管理者的方程。这些方程和目前经济制度求解的方程恰恰是一样的,也和那些'解方程'的人求解的方程是一样的……'解方程'的人只有极少数毕业于高等数学专业。哈耶克教授和罗宾斯教授每天都要'求解'至少数百个方程,譬如,在购买一张报纸或决定在餐馆就餐时就是如此,而且推测他们为此目的不用行列式或雅可比矩阵"。

因此兰格辩称,寻找"正确"的核算价格既不需要高等数学,也无须知道供求函数。只需通过观察需求量和供给量,运用反复试验法,在供不应求时提高商品和劳务的价格,反之则降低商品和劳务的价格,直到发现供求处于均衡的价格,就能找到"正确"的核算价格。可以说,找到或接近这种"正确"的(均衡)价格非常重要,这样才能让生产者（供应方）不会误用和浪费资源，让消费者（需求方）不会误导和错失需要。

如已所述，兰格说明社会主义经济确定核算价格的方式，和在资本主义制度下竞争性市场上决定价格的方式基本相同。为此目的，兰格不仅要解释社会主义经济和资本主义经济一样会使用反复试验法，还要揭示社会主义经济使用这种方法的条件和在资本主义经济制度是一样的。他说，在资本主义制度下，反复试验法首先是建立在他称之为**各种价格的参数函数**的基础上的。也就是说，反复试验法的基础是如下事实：虽然单个商人面临的各种价格是市场上所有个人决策的结果，但每个人都认为实际的市场价格是自己必须调整适应的给定的数据。每个商人都试图充分利用他面对的不能控制的市场情况。

兰格坚持认为，如果保持各种价格的参数函数不变，就能得到社会主义经济的价格结构，其客观性或经济上的重要性和在竞争的资本主义制度下得到的价格结构一样。在社会主义经济社会，各种价格的参数函数是作为一种核算规则强制实施的，单个工厂经理的所有决策和所有核算都是在产品价格和已采取的决策仿佛无关的印象下完成。为了核算的目的，工厂经理们会将产品价格看成是不变的，这和竞争性制度下商人们对待价格的方式一样。

前文述及，竞争性市场的优点是商人在组合各种生产要素时趋向使各种成本最小化，并使销售价格包括产品的成本。社会主义经济如何实现这两个目标？兰格的答案是，必须将这两个目标确立为工作的规章制度，使之成为工厂经理进行生产经营的必要条件。

因此，在社会主义经济社会，价格决定的过程完全和竞争性经济一样。中央计划委员会执行市场的各种功能，为各种生产要素的组合、工厂产出规模的选择以及行业产出量的决定确立了和竞争性经济一样的必要条件：使用参数价格进行经济核算，以及两个必要的规则——成本的最小化和边际成本等于产品的销售价格。中央计划委员会能够查明社会主义经济各种生产要素的相对重要性，实现资源的合理配置。

也许有人会问，难道中央计划委员会一开始只是凭猜测确定第一批核算价格？答案是否定的。中央计划委员会开始确定的价格是**历史上形成的**，对此我们有很多的信息资料。中央计划委员会现在掌握的价格信息若不比企业多得多，也和企业知道得一样多。中央计划委员将不断调整历史上形成的价格，也不需要考虑建立一个全新的价格体系。

如果多数推动社会主义制度运行的力量和推动竞争性的制度运行的力量是相同的，那就可以合乎逻辑地问，为什么要竞争性的制度向社会主义制度转变？兰格回答这个问题时辩称，社会主义经济制度在两个重要方面比竞争性的经济制度优越。社会主义经济的第一个优越性是，它能通过比竞争性市场实际运行短得多的连续试验找到正确的均衡价格（使供求平衡的各种商品价格）。它能做到这一点的原因很简单，关于整个经济系统的当前运行情况，中央计划委员会拥有的信息要比资本主义制度下任何私有企业家能掌握的信息广得多。就像迪金森（Dickinson）形容的，经济系统仿佛在一个玻璃房子里运行，可以跟踪监督它的运行机制的所有细节和工作状况。

兰格继续论述说，由于对整个经济系统有更多的了解，中央计划委员会能更全面地考虑生产中放弃的和实现的所有计划选择项。社会主义经济最重要的选择项如工人的生命、安全和健康，在私有企业制度下是牺牲品，因为私有企业不会考虑这些问题。另一方面，社会主义经济无疑会更彻底细致地评估这些社会成本，结果是社会主义经济能够避免私有企业造成的大量的社会损耗。

更重要的是，由于考虑了各种各样的计划选择项，社会主义经济不会受商业周期波动的影响，至少不可能发生严重的萧条和大量的失业。当然，社会主义经济无疑会犯严重的错误，例如投资方向出错和生产未能对接社会需求等，但此类错误不会使整个经济体系陷入普遍的产量缩减和生产要素的闲置。社会主义经济的优点是能够"找到哪儿出错"，局部的生产过剩不会转变成普遍的生产过剩，也没有必要像在资本主义制度下那样，为纠正经济体一个部门因生产过剩导致的损失，使用的方法将导致其他部门因需求的累积性缩减和生产要素闲置引发的次生效应而遭受更多的损失。

兰格继续论述道，第二个重要方面是社会主义经济的收入分配比资本主义经济优越。他坚持认为，社会主义经济分配收入的方式可以使社会福利最大化，而我们知道或可能知道的资本主义经济永远不会希望这样做。因为在资本主义经济社会里，收入是按生产资料的所有权分配的；而这些生产资料是由少数私人占有的，大众除了自己的劳动力一无所有。在这种情况下，需求价格（或消费者愿意且能够支付的货币资金）不能反映不同人需求的相对强度。相反，它反映了许多过日子不要必需品的人和少数过奢侈生活的人的收入。因此，目前由消费品的需求价格决定的资源配置远不能达到使社会福利最大化的程度。

兰格辩称，如果收入的分配方式要使社会福利最大化，就必须满足两个条件。第一，不同消费者主动提出的相同的需求价格必须代表同样的需求强度。第二，必须在不同职业之间分配劳动服务，使劳动的边际产品价值等于从事这些职业承受的边际负效用。换言之，增加仅能支付劳动者自己报酬的最后一单位劳动生产的产品等于劳动者生产这一产品必须承受的不舒适或痛苦。兰格说，第一个条件和第二个条件之间似乎存在矛盾；因为第一个条件要求平等的收入分配，第二个条件则要求不平等的收入。但这种矛盾只是表面的，只需将诸如闲暇、安全和工作的愉悦感等需要纳入个人的效用标尺内，任何职业的负效用就都可以表示成机会成本。若一种职业提供的货币收入较低且负效用较小，就可以解释为劳动者购买了闲暇、安全和工作的愉悦感，价格就是该特定职业和其他职业赚得的货币收入的差额。社会主义经济的管理者不会对各种职业固定不同的收入，而是向所有公民支付相同的货币收入，并向从事每种职业的公民支付差价。

毫无疑问，社会主义经济可以充分满足这两个条件，而资本主义经济不可能做到这一点。就像兰格说的，社会主义经济的收入分配的基础是这样的假设：个人有相同的收入边际效用曲线，在估计不同人的需求的相对强度时能找到正确的平均值，人与人之间只存在收入水平的随机误差；而资本主义经济社会的收入分配却引入了一个常在误差———一种收入水平对富人有利的等级误差。

和社会主义经济的这些优势相反，兰格认为社会主义经济的缺点是主观随意的资本积累率。显然，为了维持原来的生产和为新的生产投资，社会主义经济就必须积攒资金，这样才能保持现有各产业处在良好的工作状态,引进技术创新,创办新产业,提高生活水平。为了这些目的,社会主义经济就必须积累资金,而要做到这一点,就要向使用的资金收缴利息,此即资金的价格。真正重要的是决定利率或资金积累的速度。不像在资本主义经济社会,社会主义经济的利率不是由消费者的偏好决定的,因为大多数资金为政府所有并由政府的银行控制。兰格说,利率不是由决定储蓄多少的消费者决定,而是由中央计划委员会专断任意地决定,这就减少了社会福利。

但是,兰格认为从经济角度看,反映消费者偏好的利率是否比中央计划委员会任意设定的利率优越,这一点令人怀疑。他说必须将利率分为短期和长期。在短期内,无论是资本主义经济和社会主义经济都认为资金(资本)的数额是不变的,利率仅仅由资金的需求等于可获资金这样的条件决定。这里和前述方法一样,中央计划委员会开始会以历史形成的利率为基础,借助反复试验法过程不断调整,直至找到"正确"的利率。这种确定利率的方法和目前资本主义经济采用的方法基本上一样。

社会主义经济和资本主义经济关于利率决定的主要分歧是在长期内。如上所述,在社会主义经济里,利率是由中央计划委员会任意设定的,但绝不能由此说反映消费者偏好的利率比它优越。兰格认为,在当前的资本主义经济秩序里,储蓄只是部分地决定于对效用的考虑,储蓄率更多地受收入分配的影响,而这从经济学家的观点来看是不合理的。他说,资本主义经济的实际情况是,公众储蓄的意愿可能由于没有适当的投资率跟进而受挫,愿意储蓄的结果是贫穷而不是财富的增殖。因此,在资本主义经济制度下,实际资本积累率和人们的偏好是脱节的;从经济学的观点看,由"集体共同"决定的社会主义经济资金积累率证明要比资本主义的实际储蓄率更合理。兰格的观点是,不论社会主义国家任意决定的利率有什么样的缺点,都不及它的优点多。

兰格相信,社会主义国家的真正问题不是经济的,而是社会的官僚主义的作风问题。他认为,公职人员效率比较的对象应该是资本主义经济制度下的公司职员的效率,而不是担任生产经理的私营企业家的效率。如果能做到这一点,社会主义意味着工作中的官僚主义的论点就失去了它的大部分力量。但是,对经济生活的官僚主义管理依然是社会主义的真正危险,尽管兰格没有说明垄断资本主义经济如何避免同样的甚至更大的危险。

毋需赘言,巴龙、泰勒和兰格的论著,和诸如英国的迪金森、美国的斯威齐(A.R.Sweezy)以及德国的海曼恩(Heimann)、兰道尔(Landauer)与萨森豪斯(Zassenhaus)等其他人的论著,已经改变了资本主义和社会主义之间争论的态势。现在,提供证据的责任已移交给资本主义经济,它必须说明,鉴于社会主义经济明显的可行性和优越性,它为什么不应该被社会主义经济取代?

举证责任之所以转移不仅因为上述的论点,也还因为真正的问题是,继续维护资本主义制度能否像过去那样迅速地促进经济发展。无疑,这个问题将更多地关系到社会主义经济最后的发展程度能否超过分析证明的它在理论上的优越性和在实践上的可行性。

今天的资本主义经济,正如它和社会主义经济有天壤之别一样,和经济理论家论证的纯粹理想状态也迥然不同。社会经济的大部分是大规模企业取代了小规模企业,结果竞争已严重受损。兰格指出，一旦失去竞争，直至已投资的原有资本设备分期摊还完毕，私营企业就没有动力进行技术创新——省力装置或设备，而这对提高劳动生产率是必不可少的。当然，如果引进技术创新带来的成本节约很大，可以抵消已投资的资本设备的贬值，私营企业也会进行技术创新。相反，如果存在竞争，单个生产者就不能影响商品的价格，实力也不会强大到足以阻止新企业的进入，各个生产者和投资者就"不得不"承受技术创新导致的原有投资的损耗和贬值。生产者和投资者能够抵消这些影响的唯一方法就是自我技术创新，在促进经济发展的同时又导致其他人遭受损失。

如果企业规模非常大，虽不能控制价格却能影响产品价格和其他企业进入行业，就会和许多的情况一样，倾向避免使已投资的资本设备贬值。而且，所有权与控制权的分离是大多数大规模企业的特征，这一点使得保持现有资本设备价值的趋势更加突出。那些控制大规模企业的管理者必须偿还投资设备的价值，否则就是经营失败。由于这些原因，政府的干预主义和限制主义越来越多地成为大规模企业的主要经济政策。

但兰格说，寡头垄断和垄断（或不完全）竞争的恶劣影响不止于此。所有企业不可能同时停止引进创新。当新的创新的压力非常大，导致人为保留的原有投资设备的价值荡然无存时，受影响的企业就会彻底瘫痪。唯一能治愈资本主义经济的日益动荡的方法，就是放弃保护旧的投资设备价值的努力，或成功阻止新的创新。"资本主义制度面临着一个无法逃避的两难困境：由于利润丰厚的投资机会的耗尽，抑制技术进步就会导致一种长期的失业状态，而这只能依靠规模越来越庞大的公共投资政策加以补救；同时，由于保护原有投资设备的价值的政策,持续的技术进步又会导致资本主义经济的动荡。"

还应该注意到,大企业和金融在政治上是很重要的。由于对经济的重要性,它们就能为了自身的利益运用自己的力量得到政府的干预。只要企业经营活动的目标是利润最大化,大机构自然要为增加利润或增加投资设备的价值寻求政府干预。

兰格认为生产资料的私人占有制和私营企业制度促进经济发展的动力正在消失,如果真是这样,就意味着我们正在走向或已走到了这样的地步——这些制度是在阻碍而不是在促进技术发展,看来社会主义经济是唯一的解决办法。实际上我们也可以将竞争无效的大规模垄断企业分拆,回到自由竞争的小规模企业制度,但这在实践上似乎是不可能的;即使可以做到,也不是我们真正希望的,因为它意味着放弃批量生产的巨大经济优势,而批量生产在技术上和大规模企业是不可分离的。毋需多言,人为维持的自由竞争制度绝对会将大量的先进技术排斥在外。

兰格指出,为了防止垄断和限制主义的目的,可以用政府控制生产和投资的办法在私人所有权的范围内解决资本主义的各种困难。然而,这种解决方案和第一个解决方案比较几乎没有什么前途。因为如果过去的监管和局部控制的历史是切合实际的,那么大公司凭借庞大的经济实力更有可能控制政府,而不是政府控制公司。各个大公司控制的结果是垄断和限制主义使得实施控制的最初目的落空,即使可以避免大公司的控制,政府控制成功的可能性也不大。

维护资本主义制度的主要特征——私有财产、私营企业和追求最大化的利润——并迫使企业从事违背它的生存方式的活动，只会让企业茫然失措，让它对抗自己。为了防止投资设备的价值高估，严格管制投资和企业，并强迫资本发生实际损耗迟早会导致企业瘫痪。因此，政府或者不再反对追求最大利润，或者放弃对之进行任何有效的干预，或者干脆将公然违抗的公司置于政府的所有权和管理权麾下，最后直接走向社会主义道路。

不难看出，兰格认为消除现代资本主义的各种弊端——垄断、限制主义与干预主义——的唯一途径就是实行社会主义经济。然而，对他而言，社会主义经济并不意味着完全废除私营企业和生产资料私有制。他认为应该在竞争有效的领域——小规模工业和农业——保留私营企业和生产资料私有制。

在兰格的讨论中，最有趣的部分是对从资本主义经济向社会主义经济过渡问题的分析。不仅在右翼社会主义者中流行经济渐进主义的正统观点，在左翼社会主义者和共产主义者中也有人持同样的观点。虽然后两类人认为基于政治策略的理由，快速的生产资料社会化是必要的。但他们普遍坚持基于经济上的考虑，渐进的生产资料社会化要比快速的社会化更合适。兰格对此持反对意见，辩驳渐进的生产资料社会化不可能成功。他说，社会主义政府试图迫使商人的行动背离追求利润要求的方向，最好的结果是导致持续的冲突，最可能的情况是企业瘫痪。

他评述道，正因为存在倾向于生产资料社会化的社会主义政府，资本主义经济的安全才受到持续的威胁。一种建立在私营企业和生产资料私有制的基础上的经济制度，如果基础是不牢固的，就不能希望它的职能得到充分的发挥。财产面临征用威胁的人们不可能有动因而有效率地管理他们的企业，更不用说对企业投资或改善企业经营。如果今天社会主义政府征收煤矿为社会所有，并宣布明天将征收纺织企业，那么纺织企业很可能在社会征收前已毁灭废弃。

兰格的结论是，一个真正想实现生产资料社会化的社会主义政府，要么一鼓作气执行它的生产资料社会化计划，要么干脆完全放弃。因为社会主义政党夺取资本主义社会的政权很可能导致金融恐慌和经济崩溃，所以社会主义政府要么一次性实现生产资料的社会化，要么不再是社会主义政府。他说，社会主义不是软弱者的一种经济政策。

兰格认为，社会主义政府不仅应该一次性接管垄断行业、基建行业和自然资源行业，还应该保证未明确纳入生产资料社会化范围的私有财产和私营企业的安全。他说，应该让每一个人绝对明白，生产资料社会化的对象不是私有制本身，而是造成经济发展障碍的特殊私有制，它是孕育特权的根源。所有的生产资料私有制和为有益的社会功能服务的所有私营企业，都应该充分享受社会主义国家的保护和支持。

然而，兰格认为，在特殊情况下社会主义政党也可能按一种有别于生产资料的全面的社会化计划夺取政权。特殊情况是指那些资本主义政党不能应对的情形，兰格引述的例子是失业情形和经济萧条。此时需要大胆的公共投资方案，但因为极低的投资回报率违背投资只是为赚取利润的原则，资本主义政党并不愿意实施这样的方案。在这种情况下，兰格建议社会主义政党按"劳动者计划"夺取政权，恢复资本主义经济的健康状态。如果成功了，社会主义政党的地位将会大大加强。因此他说，劳动者计划可能是从资本主义经济向社会主义经济过渡的一个重要环节。然而，即使是劳动者计划，社会主义政党也必须坚决勇敢地付诸实施，否则它就仅仅成为现存资本主义社会的管理者，而它执行这种职能的效率肯定要比资本主义政党低得多。

Ⅲ

本部分的任务仍然是扼要说明泰勒和兰格关于政府控制经济秩序问题的论文的影响。首先，这些论文消除了对社会主义国家在经济上的反对意见。文章的论述表明，社会主义经济从经济学家的观点看是理性的经济，在理论上和实践上都是可行的。和流行的观点相反，这些论著说明了社会主义经济本质上不需要专制的政府制度，也不会损害民主。恰恰相反，社会主义经济与民主的和谐性远远超过资本主义经济。

马修·阿诺德（Matthew Arnold）曾说，民主的普遍特征是平等。他的意思是，民主的主旨是消除特权，消除依照人类共同的福利不能证明是合理的人为不平等。今天民主国家存在的特权很大程度上是以财富为基础的，实际上依赖资本主义的制度安排，依赖生产资料私人所有制。社会主义经济将消除来自财富的特权，因为它将为收入的平等分配而奋斗。民主的目的是按照整个社会的利益管理经济，因此民主原则上代表先满足人们对必需品的需要，再满足人们对奢侈品的需要。社会主义经济代表同样的原则，因为收入分配的平等意味着根据需求的强度按比例地满足各种需要。

如果平等是民主的基本特征，那么自由也是如此。在这方面，社会主义经济与民主的和谐程度超过资本主义经济。由于收入分配更加平等，自由的消费者选择更加自由。在资本主义经济制度下，许多人必须选择购买一件大衣还是一双鞋的；在社会主义经济制度下，许多人就能选择购买收音机或者电话。

毫无疑问，有人会争辩说，大部分行业的公共所有权是走向独裁的高速公路。这个观点的论据是私人所有权是对抗暴政的堡垒。对此类论调直截了当的批评一定是无论是公共的还是私人的，财产所有制形式本身既不会促进自由，也不会妨碍自由。关键的是管理财产所有制的当权者的性质，或者财产的控制方式。

在封建主义制度下，私人所有制和地方暴政是孪生的关系，只是君主制的兴起和中央权力的确立才削弱了地方暴政。这种历史变革的经验说明，中央的管辖权即便是独裁统治的，事实是它治理地方的专横武断程度也要小于私人的独裁统治。当前，各个民主国家存在暴政的地方恰恰是私人占有的行业。这些行业的企业主不仅独断专横地行使权力，而且常常残酷无情。无疑，生产资料私人所有制阻止了政府对行业的集权统治；但同时它使行业能够支配政府，对工人实施集权统治。鉴于这种情况，由民主政府实施的基础工业的政府所有制提供了一种消除工业专制的方法。

人们之所以赞成公共所有权，目的是希望经营管理者有更负责任的行动。例如，取消收费公路是由于私人经营管理的失败。可以观察到，公路收归政府所有并由政府管理经营后，行路有了更多的自由；邮政服务和电力业收归政府所有并由政府管理经营后，几乎没有发生过专横暴政。管理经营工业就像管理经营诸如卫生部等社会服务行业，很大程度上必须按照专制原则进行组织，这是完全正确的。但是，在民主制度下实现工业的社会化意味着，各种确保行动是负责任的民主方法和建立体面的工作条件都会削弱专制原则。毋需赘言，确保行动是负责任的各种民主方法必须和工作效率是协调的。

工业行政权力的民主化过程必然给所有工业带来合乎宪法的生活方式，实现工人和管理层之间的有效协商。咨询那些人，他们生活遵纪守法，服从行政管理约束，并对各种规章制度和行政管理的各种结果有感想，重视他们在这方面的经验，适当地向制订各种规章制度的机构讲述他们的想法和经验，就一定能提高整个工作社区的道德风气和精神面貌。最能确保责任心的方法，就是让已社会化的行业在舆论监督的氛围里运营，将企业的经营记录公之于众。但凡企业是公有制的，不管多么不愉快，都要考核工作成绩，不仅为了提高效率，也为了督促责任心。

在生产资料社会化的国家，行业就是职业。也就是说，对要求专业培训的职位，要求申请人出示从业资格证书，按照竞争原则填补空缺。个人的人事档案记录将决定他的职位和责任，而不像现在经常发生的情况，申请人的职位和责任要由他朋友的影响力或个人的财产特性决定。踏入一个岗位是这样，职位晋升也是如此。因此，正如需要长期训练和正规资格的各种职业一样，在生产资料社会化的各个行业，规定行业的进入标准是发现优秀人才的一种方法，现有的各种标准则是对私人权力的遏制。在所有的职位，留有灵活性余地的人事政策将代替私人政策。

很可能有人争辩说，中央计划委员需要危险的权力集中为必要条件。毫无疑问，中央计划委员会将行使很大的权力，但是否比私人董事会集体行使的权力更大呢？由于私人董事会的决策是在不同地方做出的，但这不意味消费者不会感到他们的集体影响，即使可能需要发生一次大萧条才能让他们明白这个道理。问题不是权力的形式，而是能否负责任地行使权力。我们有理由相信，中央计划委员会能比私营实业更负责任地行使权力，因为前者有更多的经济情报信息行使权力。政府对各种事实有至高无上的知情权，也可动用无与伦比的资源搜集信息。

中央计划委员会也不是统治国家的当权者。它最好是由行政部门的成员组成，如果不是，也是由行政部门任命并直接对行政部门负责的机构。不管成员如何构成，机构如何任命，中央计划委员会都要向总的经济政策的立法机关负责。那些编制关于资源、物资供应、资金短缺和商品价格报告、研究经济状况并提出经济政策建议的人，是属于中央计划委员会的技术职工。在合理限度内，中央计划委员会不受政治的影响，也就是说，它的各个处室负责人都是非终身制的，由行政部门任命，任职期为10年或15年，期间可以重新委派或任命。中央计划委员会及其技术职工不会编制所有的计划，这个职能将自中央政府大范围地分散给地方政府，即下放给区域和地方的计划委员会和技术职工。中央计划委员会将核对协调下属计划委员会的数据和计划，对整个经济提出执行计划。

兰格关于收入分配的讨论，对社会主义著作者从社会的和伦理的视角处理报酬问题富有启发。当然，他完全赞成社会主义收入平等的立场，认为如果不同消费者对商品的需求价格相同表示他们有同样的需求强度，那么平等的收入就是必要的。但他同时表示，实际解决这个问题必然包含不平等的因素，认为如果要在经济上以最有效率的方式分派劳动,报酬的差别就是必要的。如上所述,兰格对此原则上的冲突提出了一个巧妙的解决方法。他的解决方法既让社会主义者坚持的收入平等条件得到满足,也是符合经济学家要求的劳动边际生产率和相关工作边际负效用相等的条件。

兰格坚持认为社会主义经济的真正危险是官僚主义的作风看来是正确的。无论是公共的还是私有的,任何大型组织的主要危险都是对新事物的抵制和对创新的厌恶。社会主义工业将在公众监督、专家咨询、舆论批评和业绩考核的环境运行。虽然保持对新思想的灵活性和开放性依然需要做出特别的努力,但这使社会主义经济比私人垄断资本主义经济更能经得起实践的检验。正如弗兰克·莱特所说,社会主义经济的问题不是经济学问题,而是政治学和社会学问题。

社会主义者经常说,资本主义经济的特征是巨大的经济浪费,社会主义经济将消除这种浪费。尽管认为社会主义经济可以避免资本主义制度发生的巨大浪费似乎是合理的,但它几乎不能避免浪费。当然社会主义经济也无须为此拼尽全力,因为确实存在必要的浪费,此乃实验的结果。正如巴龙指出的,社会主义经济一定会进行经济实验,因此一定会引起浪费,否则它无法判断是否充分利用了现有的资源,而不这样做就不能提高生活水平。

兰格关于从资本主义向社会主义经济过渡问题的讨论似乎是无可辩驳的,有可能迫使社会主义者和共产主义者重新考虑他们的各种陈腐观念。他赞成的劳动者计划似乎反映了瑞典的经验,也使得这种罕见的事物在历史上有了实现的可能——没有社会冲突地实现政治控制或阶级关系的根本变革。

社会主义国家的生产管理[①]

弗雷德·M. 泰勒[*]

像大多数的经济理论教师一样，我认为花点时间从社会主义国家的立场研究手头的任何特定问题是完全值得的。事实上，我已经不止一次发现，从这个立场出发有助于对讨论的问题找到完整具体的解决方案，即正确解决办法的特有标准应该是从社会主义国家的基本性质来看，它是完全合理的。所有的合作经济秩序都存在一个非常根本的问题，即一个既定社会用可支配的经济资源将生产哪些商品？决定它的正确方法是什么？我在此拟采用上述方法分析这个问题。

在自由的私人主动权占主导的当前经济秩序下，关于生产什么商品的实际决策是非常简单的。第一，在各种制度，风俗习惯和法律法规广泛错综交杂的基础上，公民遵循的行为准则通常是按货币收入的多少付之行动；第二，有了收入的公民来市场是向那些自愿承担生产者角色的人购买他挑选的任何商品；第三，只要这位公民的需求让他完全乐意向每一件商品支付的价格总是等于该商品的生产成本，生产者在商品交易中就会及时地听从公民的要求。简言

[①] 引自第41届美国经济协会年会上的报告（芝加哥，伊利诺伊，1928年12月27日）。重新发表于《美国经济评论》（19卷第1期），1929年3月。

[*] 已故密歇根大学政治经济学与财政学教授。

之，在社会主义国家，决定生产什么商品的正确方法基本上和刚才描述的一样。也就是说，正确的一般程序是：

（1）国家会保证这位公民有一定的货币收入；

（2）国家会授权公民在选择购买国家生产的各种商品时花销这笔收入——这个过程实际上是授权公民发出指令，国家的经济管理者究竟应该生产什么商品。

本论文总体上是对刚才描绘的社会主义国家生产指导方法的辩护，但辩护实际上分为两部分。论文的第一部分是直接的辩护，也就是阐述各种具体理由说明上述方法是基本完善的；第二部分探讨一个次要问题，也就是一个经济管理者在执行上述生产指导计划前必须解决的从属问题，稍后一点说明它的具体性质会比较容易。

上述内容就是本文要完成的两个任务。在开始执行任务前，我们必须花点时间解释文章使用的"社会主义国家"一词的确切涵义。这里界定的社会主义国家可理解为整个生产设备的控制和所有生产运作的指导都由国家自己掌握。换言之，国家是唯一负责的生产者，即独占的自然人或法人，经授权使用社会的各种经济资源或者它的原始生产要素的储备和收入生产各种商品。作为唯一的生产者，国家和公民发生的交换关系是用货币购买他们的生产性服务，并向他们出售自己生产的商品。

I

领会了社会主义国家的概念，我们现在必须着手执行第一项任务，即为已确立的如下命题辩护。在社会主义国家，决定应该生产什么商品的正确方法是保证每个公民有一笔货币收入，然后批准该公民有权要求国家生产他作为公民需要的特定商品。在此，第一步是必须注意我们的生产计划包含的一些具体规定。首先，在我们将从保证每个公民有一笔货币收入开始的方法描述为决定生产什么商品的正确方法时，当然假设只有在国家规定的某些条件已经得到满足的前提下才能确保公民得到所说的收入。我们不必耗时考虑这些条件究竟应该是什么，而是取得收入应该附加哪些条件才不受人质疑。

生产计划包含的另一个具体规定是，在决定向社会主义国家的公民有条件地保证货币收入时，这样一个国家的管理者将努力诚实地、认真地确定这些收入的数额，以使它们代表的国家总收入的分配符合公民的普遍利益和有机整体的集团利益的要求。如果社会的收入分配制度是正确的，则必然的推论是，公民对不同商品相对重要性做出的判断实际上就是社会的判断，由此达成的商品价格也是表示商品的社会重要性的价格。

我们认为，决定生产哪些商品的社会主义计划包含的第三个具体规定是：在决定是否需要生产某种商品时，公民必须事前知道他购买该商品必须支付什么价格。这样的规定是不可或缺的，因为除非事前有必要的说明了商品的合意程度或购买该商品必须花费的金额，否则公民不能就他是否购买某一给定的商品做出决定。

为解决生产什么商品的问题，正确的社会主义计划包含的最后一个具体规定是：在确定任何特定商品的售价时，经济管理者把价格设定在完全涵盖该商品的生产成本的点。管理者将该商品的生产成本理解为生产该商品造成的各种社会经济资源的消耗——它的原始生产要素的储备或收入的消耗。

由于最后一个命题提出的特定办法对制定本文提倡的指导生产的正确计划起着非常重要的作用，我们在此必须再说几句。

第一，"原始要素"一词指经济学家不再尝试往后追溯的生产经济要素，比如土地本身、水力、金属矿石等原始原材料，以及不同种类的劳务等。

第二，"实际重要性"一词是指一种要素在整个生产活动中必然产生的重要程度，尤其是所考察要素的一般重要性及可用数量。换个说法，事物的实际重要性是指我们在决定如何行动时应该考虑的重要程度。因此，坐在自喷井旁边的人就没有节约用水的场合，所以在这种环境水对他没有实际重要性。然而，如果同样一个人在沙漠中暂时迷失，全部储存水减少至一夸脱时，他就必须尽最大努力节约用水，并且他的储存水的实际重要性是无法估量的。

第三个要说的是，在无数的原始要素中，每一种要素在参加的错综复杂的庞大生产过程中都有它自己特定的实际重要程度或实际重要量。每种原始要素的实际重要性来源于并决定于数不清的商品的重要性，这些数不清的商品则来源于错综复杂的庞大生产过程。由于商品的实际重要性是以货币值表示的，所以不同要素的重要性也以货币值表示。现在假设社会主义国家经济管理者有能力——证明这一假设是本论文第二部分的任务——以足够的精确度弄清楚所有不同种类的原始要素的实际重要性或它们的价值，将查证的结果编制成算术表，我通常称之为要素估价表。为了计算生产某一种特定商品，比如缝纫机的成本，我们就必须将生产缝纫机使用的各种要素的数量乘以每种要素各自的估价，并将不同的乘积加

社会主义国家的生产管理

总求和。如果求和的结果是 30 美元,我们就说生产缝纫机消耗的社会经济资源总计 30 美元;或者换句话说,生产缝纫机的资源成本是 30 美元。

刚才解释的成本即资源成本实际上和我们制度通常称之为费用成本的概念有密切的联系,笔者解释社会主义国家的成本问题不能不说明这一点。的确,可以提出有力的论据支持这个论点:尽管可以从两个完全不同的观点评判和标记,但在当前的订单中,这两种成本基本上是一回事。对当前订单的自愿生产者来说,他必须购买用以生产缝纫机的要素,生产该缝纫机的 30 美元成本是费用成本。另一方面,经济学家认为竞争会自动发挥作用,给每种原始要素确定一个足够准确表示该要素在整个生产过程中的实际重要性的价格,故对他而言,同样的 30 美元成本本身表示资源成本,即社会的经济资源消耗了 30 美元。

我们坚持的社会主义国家必须采取的唯一正确的计划,即决定生产什么商品的计划的一般特征和具体条款,本文论述到此为止。现在,我必须花点时间来为计划的完善性加以解释。首先,总纲中的计划无疑是社会主义国家应该坚持的计划。也就是:

(1)国家应该决定公民的货币收入;

(2)公民应该向国家发出指令,生产什么商品来换取这种收入。

前一项规定保证了公民利益一般不会被特定个人的利益牺牲;后一项规定保证了每个人的特殊偏好和需求特征不会被一个全能国家建立的某种消费标准牺牲。

我曾经证明,从总纲看,为指导社会主义国家商品生产而拟定的计划基本上是完善的。至于上文列举的该计划比较具体的条款，我赞同无需辩护的前三个，并毫不犹豫地接受第四个。该条款规定，社会主义国家管理者在确定公民为任何特定商品支付的价格时，应该将价格定在完全涵盖生产该商品的成本的点，并将生产成本解释为它的资源成本，即生产一单位这种商品损耗的社会资源的储备或耗费的原始生产要素。这种说法完善吗？难道社会主义国家管理者将任何商品的销售价格定在这种意义的成本点真是正确的？

对这个问题，肯定的答案当然是正确的。稍加思索就能明确：资源成本的价格是唯一和业已建立的收入分配制度相一致的价格。回忆前述内容，这种收入制度分给每个公民一笔确定的货币收入，在他认为从国家购买商品合适时供他使用。但是，由于要生产的商品实际上包括允许公民购买的所有消费品，国家管理者在决定某个特定公民拥有某一数量的货币收入，比如 2,000 美元时，实际上也就决定了这位公民对价值 2,000 美元的国有生产性资源拥有无可争议的所有权；而这一命题反过来又意味着这位公民有无可争议的权力指令经济管理者用他的价值 2,000 美元的社会生产性资源究竟生产什么商品。依照这个推理看，结论必然是经济管理者不可能前后一致地让我们假想的缝纫机的销售价格高于它 30 美元的资源成本，因为这样做实际上会减少利益相关公民的货币收入，尽管先前规定的这笔货币收入额只有他应得的那么多。另一方面，经济管理者也不可能前后一致地让我们假想的缝纫机的销售价格低于它 30 美元的资源成本，因为这样做实际上会增加利益相关公民的货币收入额，尽管按假设这笔货币收入已经正好是他应得的那么多。

II

上述讨论完成了我们的主要任务，即我已将之阐释成社会主义国家的管理者在决定生产什么商品时应该遵循的唯一正确的程序。在讨论过程中一个变得越来越明显的问题是，社会主义国家的管理者为什么必须解决所谓的归因难题，即调查确定每种原始要素在生产过程中的实际重要性。若无这些资料，经济管理者显然无法计算任何特定商品的资源成本，因之也无法为商品制定正确的销售价格，从而就不能使用依据本文论点是唯一正确的特定方法，来决定他们究竟应该生产什么商品。

但是，采用这种指导生产的特殊方法的先决条件是，社会主义国家管理者不仅必须解决归因难题，肯定还有不止一个经济学家质疑，在社会主义国家必然占主导地位的各种条件下解决这个难题是否可能。因此，看来我有必要腾出时间证明，实际上社会主义国家的管理当局会发现自己完全胜任这项工作。

在社会主义国家，最适合处理这个问题的特定程序似乎是一种所谓的反复试验法的形式，即该方法的主要构成是，尝试一系列有待证实的解决方案，直至找到一个证明是成功的方法。

为了解释使用反复试验法解决归因难题的过程，一个必要的准备是我们必须提醒自己注意，在任何特定的时间，每种原始要素可用于当前生产周期的储备或者收入必然是一个基本确定的量。除非一种要素的可用数量是确定的，同时又受总量小于需求这样的限制，否则尽管是生产要素，却不是一种经济要素，也不可能成为我

51

们研究的要素之一。

从上述前提出发可知,一个特定生产周期可用的任何经济要素的数量基本上都是确定的。我们假定,社会主义国家管理者在试图调查确证每种原始要素的实际重要性时,将采用如下方法:

(1)他们先编制包括各种要素的估价表,然后在大量仔细研究的基础上给表里每个要素赋值,其大小的参考标准是他们认为最接近可在经验之前找到的正确估值。

(2)然后他们假定临时估价表中给出的估价是绝对正确的,并作为生产作业的经理继续履行他们的所有职能。

(3)在做上述工作的同时,他们将自始至终地细心寻找那些显示他们的某些临时估价是不正确的生产作业结果。

(4)如果出现了这样的结果,他们就会对要素估价表的数值做必要的修正,降低任何证明过高的估价,提高任何证明太低的估价。

(5)最后,他们会周而复始地重复这个过程,直至不再出现偏离正确估价的现象。

毋庸置疑,上述程序的关键阶段是第三个步骤,也就是为了发现一个或多个显示他们录入临时估价表的某些估价是错误的——估价太高或太低——迹象,经济管理者严密地跟踪监视生产过程。这里最重要的问题是:当某种要素的估价实际上太高或太低时,是否有理由预期出现这种迹象?正确的答案当然是肯定的。在管理生产过程时,如果生产负责人对某种特定要素实际使用的估价太高或太低,那么事实很快就以明白无误的方式自行显露。因此,若某种特定要素在临时要素估价表中赋值太高,必然会导致生产负责人在使用这种要素时极度节约,最终使得该要素可资目前生产周期使用的数量要多于该生产期间消耗的数量。换言之,在生产周期末,任何估价过高的要素都会造成该要素的库存出现剩余。

如果情况相反,假定要素估价表中有一种特定要素估价太低,则必然会导致生产负责人无节制地使用这种要素,最终使得该要素可用于目前生产周期的数量少于在生产期间的需求数量。换句话说,要素估价表中任何要素的过低估价都必然导致这种要素的库存出现短缺。无论是剩余或短缺,都是要素估价错误的结果。

从上述分析似乎可以断定,社会主义国家的管理者要发现一种要素的标准估价是太高还是太低并不困难。知道了调查确定原始要素的正确估价方法后,其余事情就迎刃而解了。现在,生产负责人会继续降低证明太高的估价,并提高那些证明太低的估价。最后,他们轻松地重复这一过程,直至所有要素的库存不再出现剩余或短缺才得出正确的结论,此时对任何一种特定要素的估价都正确地表示了该要素的实际重要性。故此,我们现在有信心说,对公民可能需要的任何种类的商品,这些生产负责人都能计算生产它们的资源成本。但是,由于对此点的怀疑是质疑本论文主要论点可靠性的主要理由,著者感觉自己倾向做出相当教条主义的断言,如果社会主义国家的经济管理者愿意承认,供给一方的生产成本和另一方购买者的需求价格相等,是说明应该生产所交易的商品的充分的且唯一充分的证据,那么他们就能在所有普通条件下履行他们的职责,并像直接负责生产管理的人士一样,信心百倍地正确使用可支配的经济资源,而不会节外生枝。

社会主义经济理论[1]

奥斯卡·兰格[*]

I. 目前的辩论状况

无疑,社会主义者有充分的理由感谢米塞斯教授——他们的事业的伟大辩护者。正是由于他的见解带有深刻的怀疑态度,才使社会主义者认识到合理的经济核算制度对指导社会主义经济的资源配置的重要性。更重要的是,得益于米塞斯教授的质疑,许多社会主义者才意识到还存在这样的问题。虽然米塞斯教授不是第一个提出这一问题的人,也并非所有的社会主义者常常被视为对此问题一无所知,但让社会主义者系统地研究这个问题的功劳却完全属于米塞斯教授,对于意大利之外的欧洲大陆的研究尤其如此。为感谢他做出的伟大贡献并铭记合理的经济核算的极端重要性,一种方式应该是在社会主义国家中央计划委员会的大厅或者生产资料社会

---

[1] 重印自 *Review of Economic Studies*, Vol. IV. Nos, 1 and 2 (October, 1936, and January, 1937),有修改和增补。

[*] 加利福尼亚大学经济学讲师、克拉科夫大学(休假)讲师、华沙波兰自由大学讲师。

化行署大厅的荣誉陈列室摆放一尊米塞斯教授的塑像。

但是,我担心米塞斯教授几乎不会赞赏这是社会主义者报答他让大家认识到经济核算的重要性的贡献的唯一的恰当方法,也很难责怪他不接受这一点。首先,他可能不得不和社会主义运动的伟大领袖们分享这样的地方,而这种陪伴可能不适合他。然后,为了举例说明黑格尔的狡诈理性让最忠实的资产阶级经济学家不知不觉地为无产阶级的事业服务,社会主义教师可能在辩证唯物主义课堂上邀请他的学生去看看雕像,算是对这种憾事的了结。

由于清晰明确地阐述这个问题是对科学的重要贡献,经济学家将不得不加入社会主义者行列,承认米塞斯教授关于在社会主义经济中实行经济核算的著作的价值。正如哈耶克教授指出的,"第一次以这样一种方式明确论述社会主义经济学的核心问题的卓越特征,使得这些论述永远不再可能从辩论中消失",这样的荣誉属于米塞斯教授[①]。

但不幸的是,除用公式明确论述了经济核算问题外,米塞斯教授还声称他已经证明过,经济核算在社会主义社会是不可能的。经济学家将发现,这种断言几乎不能为人接受。从经济学家的观点看,如果他像皮尔森(Pierson)一样,只论述经济核算问题,就会有更好的效果;如果他这样做了,很可能不会赢得社会主义者的格外赏识。因为恰恰是米塞斯教授对在社会主义制度下实行经济核算

---

① F.A.Hayek, "The Nature and History of Problem," Introduction to *Collectivist Economic Planning* (London,1935),p.32. 读者注意力被米塞斯教授的英译本作品 *Die Gemeinschaft* 所吸引,该书被译为《社会主义》(1937年末),该译本根据1932年德文版改写,由卡甘译。

可能性的否定,赋予了他的质疑能力和有效的影响力。因此,社会主义者和经济学家对米塞斯教授的成就的看法是不同的——这是一个他们发生意见分歧的奇怪例子,正如米塞斯教授预料的,事情必然总是如此。

对这个问题,早在1897年①帕累托就提出了一个不同于米塞斯教授提出的解决方案,后来巴龙②对此有详尽的阐述。除了后文将提到的一个例外情况,对这个问题的进一步讨论几乎都没有超越巴龙论文已包含的内容。

米塞斯教授坚持的社会主义经济不能解决资源的合理配置的问题,其原因是对价格性质的混淆。诚如维克斯蒂德(Wicksteed)已指出的那样,"价格"一词有两个涵义。它可以是普通意义上的价格,亦即市场上两种商品的交换比率,也可以是一般意义上的"提供替代品的条件"。因此,维克斯蒂德说,"价格"在狭义上是"可以用来购买物质资料,服务或特权的货币",在广义的"向我们提供替代品的条件"上是一种特殊情况的"价格"。只有广义的价格才是解决资源配置问题不可缺少的。经济问题是对替代品的抉择问题,解决这个问题需要三种数据:

(1)指导选择行为的偏好等级量表;
(2)关于"提供替代品的条件"的知识;

---

① Vilfredo Pareto, *Cours d'èconomie politiqu* (Lausanne, 1897), Vol. II, pp. 364ff. 也可参阅 *Manual d'èconomie politique* (Paris 1910), pp. 362-364。

② Enrico Barone, "II ministerio della produzione nello stato collettivista," *Giornale degli Economisti*, 1908. 这篇文章也以 "The Ministry of Production in the Collective State" 的标题作为卷后附录以英文版出版。

(3)可利用的资源数量的资料。

若给出这三种数据,就可以解决商品的选择问题。

显而易见,社会主义经济可以将(1)和(3)两种数据视为给定的,至少和资本主义经济给定的大小程度一样。(1)项的数据可以由个人的需求表给出,也可以由管理经济系统的管理者判断确定。问题仍然是社会主义经济的管理者能否获知(2)项的数据。米塞斯教授否认这一点。然而,对价格理论和生产理论的仔细研究使我们相信,如果给出了(1)项和(3)项的数据,则(2)项的"提供替代品的条件"最终由一种商品转换成另一种商品的技术可能性决定,也就是由生产函数决定。社会主义经济的管理者和资本主义企业家对生产函数的认识水平或缺乏了解的程度是完全一样的。

但米塞斯教授似乎将狭义的价格即商品在市场上的交换比率,和更广义的价格即"提供替代品的条件"混为一谈。实现生产资料公有制的结果是在社会主义经济中没有实际的交换资本品的市场,所以显然没有市场交换比率意义上的资本品价格。因此,米塞斯教授辩论说,资本品行业没有"替代品指数"可用。但是,这个结论是以对狭义的"价格"和广义的替代品指数"价格"的混淆为基础的。只有后一种意义上的"价格"才对资源配置是必不可少的;也只有在将一种商品转换成另一种商品的技术可能性的基础上,它们在社会主义经济中才是给定的。

米塞斯教授辩述,生产资料私有制对资源的合理配置是不可或缺的。因为根据他的说法,没有生产资料私有制,就没有确定的替代品指数(至少在资本品行业),所以,在不同替代品之间选择的经济学原理只对特别的制度结构,即承认生产资料私有制的社会适用。确实,马克思①和历史学派(仅就后者承认经济规律而言)一直坚持认为,一切经济规律都只有历史相关的有效性。但最令人诧异的是,奥地利学派②的一位杰出成员却支持这一制度主义的观点,因为奥地利学派做了大量的工作强调经济理论的基本原理的普遍有效性。

因此,必须驳斥米塞斯教授否认在社会主义制度中实行经济核算的可能性的观点。不过,近来哈耶克教授和罗宾斯(Robbins)教授却以更巧妙精炼的形式重述米塞斯教授的论点。他们不否认社会主义经济实现资源的合理配置在**理论上**的可能性,只怀疑这个问题在**实践上**会有令人满意的解决方案的可能性。在讨论巴龙、迪金森和其他人提出的解决方案时,哈耶克教授说,"必须承认,这在逻辑矛盾的意义上并不是不可能的。"③但他否认这个问题在没有生产资料私有制的社会里有切实可行的解决办法。④

罗宾斯教授非常清楚地解释了这一点。"在纸上,"他说,"我们可以设想这个问题能通过一系列的数学计算解决……但在实践中,这种解决方案是完全行不通的。它需要根据上千万的单独计算求出数百万的统计数据,然后以之为基础设立数百万个方程。待到

---

① 马克思的这一论断要求一定的限定性条件,参见附录。

② 当然我完全清楚,米塞斯教授不认为自己是一个制度主义者,而且他已明确论述过经济理论的普遍有效性。参见 *Grundprobleme der Nationalökonomie*, Jena, 1933, pp. 27-28。但是,在这一论点和他关于生产资料私有制是合理配置资源必不可少的条件的断言之间,存在着明显的矛盾。因为如果这个断言是正确的,则作为资源配置理论的经济学只能适用于生产资料私有制的社会。对在社会主义经济中合理选择的可能性的否认无疑暗含制度主义的观点。

③ "The Present State of the Debate," *Collectivist Economic Planning*, p. 207.

④ 同上书,第208页。

解出方程时，方程赖以设立的信息基础已经过时并需要重新计算。根据帕累托的方程实际上可以解决计划问题，这种观点仅仅表明那些提建议的人尚未真正理解这些方程的意义。"①

因此，哈耶克教授和罗宾斯教授放弃了米塞斯教授立场的要点，并撤退到第二道防线。他们承认，这个问题原则上是可以解决的，但怀疑社会主义社会能通过一种简单的**反复试验法**解决它，因为资本主义经济已经解决了这个问题。在社会主义社会，生产资料私有制和资本品的现金交易市场的重要性已发生变化。理论上承认有一般意义上的"提供替代品的条件"的价格，但仍然没有资本品现金交易市场。根据他们的观点，和资本主义经济不同，社会主义的市场功能是通过反复试验法提供一种配置资源的方法。正是这种功能，社会主义经济才被剥夺了经济核算的可能性。

对这个问题的讨论，哈耶克教授和罗宾斯教授展现的姿态向前迈出了一大步。和米塞斯教授全盘否认社会主义实行经济核算的可能性比较，这种观点预示了更富有成效的方法。因为在理论上向前跨出的这一大步，在建造中央计划委员会大楼或者生产资料社会化行署办公楼时，他们是否也应有一尊荣誉雕像或至少一个纪念性的牌匾，将拭目以待。但经济核算问题的极端重大性使得此事完全有可能发生。

巴龙已经指出这样的事实：在社会主义社会，经济均衡方程式也必须通过反复试验法求解。②虽然他认为这样一个答案是可能的，

---

① L.C. Robbins, *The Great Depression* (London, 1934), p. 151.

② 参见 "The Ministry of Production in the Collective State," *Collectivist Economic Planning*, pp. 286-289。

但并未说明如何得到它。不过，佛瑞德·M.泰勒在1929年发表的论文① 已经非常清楚地阐述了社会主义经济通过反复试验法解决这个问题的方式。这篇论文实质上是对哈耶克教授和罗宾斯教授的答复，也是第一篇真正拓展了巴龙的论文内容的文献。但是，哈耶克教授和罗宾斯教授的论点的极端重要性使得更细致地研究这个问题成为必要。因此，本论文的目的是阐述在竞争性市场上运用反复试验法进行资源配置的方式，并说明在社会主义经济中是否可以采用类似的反复试验法。

Ⅱ. 竞争性市场均衡的决定

让我们看看如何运用反复试验法在竞争性市场实现经济均衡。竞争性市场是指这样一种市场，其中(1)单个交易者的数量非常之多，任何人都不能通过改变他的需求或供给明显地影响价格，因此被迫认为价格是不变的参数，和他的行动无关；(2)每个行业或产业都可以自由地进入或退出。

均衡条件有两个方面：(A)参与经济体系的所有个人一定在均衡价格的基础上达到最大值；和(B)决定均衡价格的条件是每种商品的需求等于它的供给。我们可以称第一个是**主观条件**，第二个是**客观**条件。不过，除非增加第三个条件，即表现**经济体系的社会组织**，否则上述两个条件不能决定经济均衡。这个条件在我们的讨论

---

① "The Guidance of Production in a Socialist State," *American Economic Review*, March, 1929. 重印 41—54 页。

中陈述为:(C)消费者的收益等于他们出售自己占有的生产性资源的服务获得的收入,加上企业家的利润(均衡时为零)①。在严格意义上这个条件不是均衡条件,因为它的成立和经济体系是否均衡没有关系。②尽管如此,都必须让均衡是确定的。让我们分析 A,B 和 C 这三个条件;A 和 B 是**严格意义**的均衡条件。

A. 均衡的主观条件,是个人③在追求最大化他们的效用、利润和来自生产资源所有权的收入时实现的。

1. 消费者追求源自他们收入的总效用的最大化。方式是支出的一单位收入(以货币表示)从所有商品获得的边际效用量都是相等的。给定了他们的收入和商品价格,就能计算出消费者对商品的需求量(要确定一个收入单位可购买的商品数量,就必须知道商品价格)。

2. 生产者追求利润的最大化。利润最大化的过程由两部分组成:(a)确定最优的要素组合,(b)确定最优的产出规模。第一个目标是通过按比例组合生产要素实现的,条件是生产要素的组合比例使得一单位货币可购买到的每种要素的数量的边际生产力相等④。

---

① 由于企业家才能是稀缺的生产要素,在均衡时消失的这类利润可顺带视为出售生产性资源(即企业家才能)获得的收入。

② 用数学语言来说:这个条件是恒等式,不是方程式。

③ 此处"个人"一词是在广义的"经济主体"上使用的,包括集体单位(亦即家庭居民户,股份组织的公司)。

④ 如果生产使用的是受限制要素,就必须修改这个条件。生产中必须使用的受限制要素的数量受到不同因素的限制,据此可将受限制要素分为两种:一种是使用的数量是我们想要生产的产量的函数,另一种是使用的数量是生产中使用的另一种要素的数量的函数。如果生产使用的是第一种受限制要素,则文中的判断也适用于替代要素,所需要的受限制要素数量是由已选择的产出规模决定的。如果生产使用的是第二种受限制要素,则替代性要素的边际生产率就必须和它的价格**加上**为受限制要素的边际支出

给定了要素的价格,就可以确定一单位货币可购买的每种要素的数量,该条件决定了生产者的最小成本曲线。给定了这条曲线,当边际成本等于产品价格时(由市场决定),就达到了最优的产出规模,并由此决定了单个生产者的产量和对生产要素的需求量。这样决定的产量和要素需求量完全是以竞争性市场的第一个特点为基础的,即产品价格及要素价格和生产者选择的产出规模及要素组合没有关系(因为有大量的竞争性生产者)。一个行业的总产出则是由竞争性市场的另一个特点决定的,亦即生产者对该行业的自由进入或退出。该特点让行业的总产出达到的数量使得产品的价格等于生产的平均成本[①]。给定了每个生产者的产量和对生产要素的需求以及行业的总产出,也就确定了该行业对生产要素的总需求。因此,知道了产品的价格和要素的价格,也就知道了产品的供应和对生产要素的需求。

3. 最终的生产资源(劳动力、资本和自然资源)的所有者通过将这些资源的服务出售给最高出价者来最大化他们的收入。一旦给定了这些资源的服务的价格,也就决定了它们在不同行业之间的分配。[②]

之和保持比例。受限制要素数量是该替代性要素的函数,故需要的受限制要素的数量由生产中使用的替代性要素的数量决定。至于第一种受限制要素,参阅 N.Georgescu Roegen, "Fixed Coefficient of Production and the Marginal Productivity Theory," *Review of Economic Studies*, Vol. III, No. I, pp. 40-49 (October, 1935). Tord Palander 博士使我注意到有第二种受限制要素。

① 本论文使用的平均成本总是指单位产量的平均成本。

② 为简化论述,我们忽略如下事实:可利用的资源数量是由价格决定的,而不是固定不变的。因此,劳动的供给量可能是工资率的函数。至于资本,其数量在短期内可视为固定不变,但在长期内利率肯定影响储蓄。在长期均衡时,资本数量的决定条

B. 均衡的主观条件只能在**给定的**价格和消费者收入组合的基础上实现。个人认为价格是常数，和他们的行为无关。对每一组价格和消费者的收入，我们得到不同的商品需求量和供给量。条件C表述为消费者的收益等于他们出售自己占有的最终生产资源的服务获得的收入加企业家的利润。由于这个条件，消费者的收入是由最终生产资源的服务价格和利润决定的，因此，最终只有价格仍然是决定商品供求的变量。通过采用不同的价格集合，我们就能得到供求表。现在，均衡的客观条件就是挑选出一组特殊的价格集合，作为确保参与经济系统的所有个人的主观最大化目标彼此相容的唯一的价格组合。这个条件意味着每种商品的需求和供给必然是相等的。满足这个条件的价格是均衡价格。如果需求和供给表都是单调函数，则只存在一个满足客观均衡条件的价格集合；否则就可能存在多重解，且有些价格集合代表不稳定的均衡。①

这就是竞争市场的均衡问题的理论解答。现在让我们看看如何通过**反复试验法**在实践上解决这个问题。通过反复试验法求解的基础可以称为价格的参数函数，亦即尽管价格是市场上所有个人

件是资本的边际净生产率等于利率并等于个人的时间偏好（可能或许可能等于零）。参见 "The Place of Interest in the Theory of Production," *Review of Economic Studies*, June, 1936. pp. 159-192, 和 "Professor Knight's Note on Interest Theory," *Review of Economic Studies*, June, 1937. 以及 F. H. Knight, "Professor Fisher's Interest Theory," *Journal of Political Economy*, 39:197ff.(April, 1931) 和 Hayek, "Utility Analysis and Interest," *Economic Journal)*, Marck,1936, pp. 58-60。

① 如果需求表和供给表不是单调函数，则前者一定有递增的曲线，后者一定有递减的曲线。如果是竞争性商品，需求有可能是价格的增函数；正如瓦尔拉斯证明的，当交易的商品对卖方有私人效用时，供给有可能是价格的减函数。无论需求是价格的增函数还是供给是价格的减函数，都可能存在多重解，即使那些函数是单调的。不过，这些都是极端的例外情况。

的行为的结果,但每个人都独自认为实际市场价格是给定的参数,他必须据此调整自己的交易行为。每个人都试图充分利用他所面临的无法控制的市场情况。因此,市场价格是决定个人行为的参数。这些参数的均衡值是由客观均衡条件(B)决定的。诚如瓦尔拉斯的卓越证明[①],这是通过一系列连续的试验完成的(瓦尔拉斯的**摸索过程**)。

让我们从**随机**给定的一组价格开始(例如,通过从壶中抽取数字的方式)。在这个随机组合的价格基础上(瓦尔拉斯的随机喊价),个人满足他们的主观均衡条件并达到他们的效用最大化目标,从而决定了每种商品的需求量和供应量。现在客观均衡条件发挥作用。如果每种商品的需求量和供给量正好相等,则整个情况都是稳定的,价格是均衡价格。然而,如果需求量和供给量不相等,买卖双方的竞争将改变价格。那些需求超过供给的商品的价格上升,而供过于求的商品的价格则下降。结果是我们得到**一组新**的价格,成为个人努力满足他们主观均衡条件的一个新的基础。若满足了主观均衡条件,我们得到一组新的需求量和供给量。如果每种商品的需求量和供给量不相等,价格就会再次变化,产生另一组价格,成为个人重新安排选择的基础,并由此得到一组新的需求量和供给量。这个过程会周而复始持续下去,直至满足客观均衡条件并最终达到均衡。[②]

---

① Léon Walras, *Elements d'èconomie politique pure* (èd dèfinitive Paris, 1926), pp. 65, 132-133, 214-215, 217, 259-260, 261ff.

② 因此,每个连续继起的价格组合都比前一个价格组合更接近满足客观的均衡条件。不过,由于供给量的变化通常需要一段时间,就必须提出一些限定性的条件。在

实际上，正是**历史上的给定价格**充当了连续试验过程的基础。我们必须向读者道歉的是，这种对经济均衡基础知识的教科书式的阐述占据了他们的注意力。但是，恰恰是一直以来否认社会主义经济有确定价格（广义上的"提供替代品的条件"）可能性的事实表明，人们尚未充分理解经济均衡原理的涵义。现在让我们看看类似的反复试验法是否能应用于社会主义经济。

Ⅲ. 社会主义经济的反复试验法

为了讨论社会主义经济体的资源配置方法，我们首先必须说明我们观念中的社会主义社会是哪一种社会主义。生产资料公有制本身并不决定消费品的分配制度和将人们分派至各种各样职业的制度，这两种制度也不由指导商品生产的各种原则决定。我们先不妨假定，社会主义经济制度保持着消费者选择消费的自由和劳动者选择职业的自由，指导生产和资源配置的标准是消费者的需求价格表达的消费者偏好。然后，我们再转向研究一个中央集中计划经济程度更高的社会主义制度。[①]

能以大约连续的方式实现产量变化的行业，通过改变某些生产要素而保持其他要素不变，并随时间的推移增加可利用要素的数量，价格适应的过程就由短期供给（成本）曲线族决定。有了这种可称为马歇尔式的价格适配，每个连续的价格都更接近均衡价格；在只能以急剧方式实现产量变化的行业，比如农作物的收成，蛛网定理描述的机制就会发挥作用，连续试验只能在特殊条件下达到均衡。不过，马歇尔式的供给适配似乎是占支配地位的。关于这一观点，参阅 "Formen der Angebotsanpassung und wirtschaftliches Gleichgewicht," *Zeitschrift für Nationalökonomie*, Bd. Ⅵ, Heft 3, 1935。

① 在第二次世界大战前文献资料中，上文描述的社会主义是用社会主义和集体主义这些术语命名的，共产主义一词则用来表示中央集中计划程度更高经济制度。经

在上文描绘的社会主义制度中，我们有真正（在词语的制度意义上）的消费品市场和劳动服务市场，但除了劳动力外，不存在资本品和生产资源市场。[①]让我们看看这样一种制度是如何决定经济均衡的。正像在竞争性的个人主义经济体制中一样，均衡的决定由两部分组成。

（A）根据**给定的**替代品指数（在消费品和劳动服务情况下是市场价格，在所有其他情况下是核算价格），个人既作为消费者并作为劳动力的所有者参与经济体系，又作为生产和劳动力以外最终资源（即资本和自然资源）的管理人员遵循某些原则进行决策。这些管理人员被认为是公职人员。

（B）各种商品价格（不论是市场价格还是核算价格）由每种商品的需求量等于供给量的条件决定。

在 A 项下做出决策的各种条件构成**主观的**均衡条件，而在 B 项下做出决策的各种条件是**客观的**均衡条件。最后，我们还有一个条件 C，表示经济体系的社会组织。由于劳动力以外的生产资源是公共财产，消费者的收入和这些资源的所有权无关，而经济体系**采用的收入形成原则**决定了条件 C（社会组织）的形式。

条件 C 可以有不同的决定方式，这使得社会主义社会在收入分配问题上有相当大的自由。但是，坚持职业选择自由的必要性限制

典定义的社会主义（和集体主义）仅仅指实现了生产的社会化的经济制度，而共产主义则定义为生产和消费都实现了社会化的制度。目前，这些词语都变成了有特殊涵义的政治术语。

① 为使问题简单化，我们假定所有的生产资料都是公共财产。无需多说，在任何一个实际的社会主义社会，一定有大量的生产资料为私人占有（比如，农场主、工匠与小企业主）。但这不会提出任何新的理论难题。

了对这种自由的任意使用,因为消费者的收入和他所履行的劳动服务之间一定有某种联系。因此,似乎可以将消费者的收入视为由两部分组成:一部分是提供劳务获得的收入;另一部分是社会分红,是个人在来源于社会所有的资本和自然资源的收入中占有的份额。我们认为,社会红利的分配要遵循某些原则,其内容留待以后讨论。因此,条件 C 是决定性的,他决定了按劳务价格和社会红利计算的消费者的收入,而社会红利可看成是由资本和自然资源的总收益以及分配这些收益采用的原则决定的。①

A. 考虑社会主义经济中的主观均衡条件。

1. 假设有消费选择的自由,② 竞争性市场的这一部分主观均衡条件也适用于社会主义经济中消费品市场。若已知消费者的收入和消费品的价格,也就知道了消费品的需求量。

2. 生产经理不再以利润最大化的目标指导各种决策。相反,为了以最佳方式满足消费者的偏好,中央计划委员会对各种决策强制提出某些必须遵守的规则。这些规则决定了生产要素的组合和产出规模。

对生产要素组合的选择,必须强制要求遵守一种能使生产的平均成本最小化的规则。这个规则要求各种生产要素按这样的比例

---

① 在阐明条件 C 时必须考虑到资本积累。资本积累要么是在社会红利分配前通过全体共同扣留一部分国民收入实现,要么是在分配社会红利后由个人储蓄实现,或者两种方法可以组合使用。但在社会主义经济中,"共同"积累一定是资本积累的主要形式。

② 当然,也可能有一个费用由国家赋税承担的社会化的消费部门。资本主义社会也存在这样的部门,它包含的物质资料供应不仅要满足卡塞尔意义上(in Cassel's sense)的集体需要,也要满足社会意义巨大,不能任由个人自由选择的其他需要(比如免费的医疗服务与免费的教育)。但此问题不构成任何理论困境,可搁置不论。

组合,即对所有要素来说价值一单位货币的每种要素数量的边际生产力都是相同的①。这条规则要求实施的主体是任何做出有关最优要素组合问题决策的人,即负责运营现有工厂和那些正在建造新工厂的管理者。第二个规则说明,产量必须固定在使边际成本等于产品价格的生产点。这一规则实施的主体有两种人。首先,它是为工厂的管理者制定的,因此决定了每个工厂的产量规模,并和第一条规则一起决定了工厂对生产要素的需求。不论谁来实施,第一条规则和要求工厂管理者实施的第二条规则发挥的功能,和在竞争性经济体制中旨在追求利润最大化的私人生产者发挥的功能是相同的,此时要素的价格与产品的价格和他使用的每种要素的数量与产量的规模无关。

需要进一步决定的是行业的总产量。解决这个问题要求整个行业的管理者(例如,全国煤炭信托公司的董事们)遵守第二条规则。在决定是否应该扩大行业规模(建造新工厂或扩大旧的工厂)或者缩小行业规模(不替换正在磨损废弃的工厂)时,第二条规则是他们决策的指导原则。因此,每个行业生产的商品必须恰恰是能够销售出去的数量,或者是其他行业能以等于该行业生产这一数量所发生的边际成本的价格解释的数量。一个行业发生的边际成本,就是该行业(不是某个特定的工厂)在使用最优要素组合时,为多生产一个单位产量必须发生的所有活动的费用。它可能包括建造新工厂或扩建旧工厂的成本。②向行业管理人员强制实施后,第二

---

① 不过,参见第67页注对限制性要素的修正。
② 由于这种边际成本在实践上不是产量的连续函数,我们就必须将增加的每一单位不可分割投入的成本和来源于由此增加的产量的预期收入进行比较。譬如,在铁路

条规则执行的功能在自由竞争条件下就由企业自由地进入或退出某一行业实现：也就是说它决定了行业产量。① 但是，不论是否能弥补平均成本，都必须遵守第二条规则，即使需要工厂的亏损或整个行业的亏损。

这两个规则的实施形式都可以是简单的要求。无论是谁负责做出具体的生产决策，都可以要求他始终采用平均成本最小化的生产方法（即生产要素的组合），生产的每种服务或商品的数量恰好使边际成本等于产品价格，由此就决定了每个工厂和行业的产量，也决定了每个行业对生产要素的总需求。当然，要让生产经理们遵循这些规则，就必须标明生产要素的价格和产品的价格。在商品是消费品和劳动服务的情况下，价格是在市场上决定的；在所有其他商品情况下，价格是由中央计划委员会制定的。一旦各种商品的价格确定了，各种产品的供给和各种要素的需求也就确定了。

采用上述两条规则的理由是明显易见的。因为价格是提供替

系统，只要还有未使用的车厢，就必须将它们投入使用的费用和由此可能增加的收入进行比较。当所有备用的车厢都投入使用达到最大荷载量时，增加制造和运行更多车厢（和机车）的成本，就必须和来源于这种生产活动预期增加的收入进行比较。最后，是否建造新轨道的问题也是遵循同一原则决定。比较 A. P. Lerner, "Statics and Dynamics in Socialist Economics," *Economic Journal*, 47:263-267 (June, 1937)。

① 不过，只有处在自由竞争条件下的规模报酬不变的行业（亦即一阶齐次生产函数）得到的结果，才符合遵循这一规则得到的结果。在这种情况下，整个行业发生的边际成本等于平均成本。在所有其他情况下，结果都是不一样的。因为在自由竞争条件下，行业的产量水平要使平均成本等于产品价格；而按我们的规则，应该是（行业发生的）边际成本等于产品价格。这种差别导致的结果是：那些边际成本超过平均成本的行业赚取利润，那些平均成本高于边际成本的行业遭受损失。为了让私人边际净产量和社会边际净产量在自由竞争条件下相等，这些利润与损失和庇古教授提议的税收和补贴相对应。参见 A.C. Pigou, *The Economics of Welfare* (3rd ed., London, 1929), pp. 223-227。

代品的条件的指数,所以平均成本最小化的生产方法也将最少地牺牲替代品。因此,第一条规则只是意味着每种商品的生产必须最少地牺牲替代品。第二条规则是听从消费者偏好的必然结果。它意味着被满足的每种偏好的边际重要性必须等于满足被牺牲了的替代偏好的边际重要性。如果不遵循第二个规则,一些低层次的偏好将得到满足,而高层次的偏好将得不到满足。

3. 假设有职业选择的自由,劳动者将向支付最高工资的行业或职业提供他们的劳务。对公共占有的资本和自然资源,必须由中央计划委员会制定价格,规定这些资源只提供给那些有能力"支付"或更确切地说"解释"这个价格的行业。这是追随消费者偏好的结果。若最终生产资源服务的价格已给定,它们在不同行业之间的分配也就确定了。

B. 只有知道了各种商品的价格,才能实现主观均衡条件。生产经理和公有制生产资源的管理者的决策也是如此。只有标明了各种商品价格时,才能决定使平均成本最小化的要素组合,使边际成本等于产品价格的产量水平以及最终生产资源的最佳配置。但是,如果除了劳动外,没有资本品市场或最终生产资源的市场(制度意义上的市场),是否可以客观地确定它们的价格呢?中央计划委员会制定的价格一定不是完全随意的吗?若果真如此,这些价格的随意性就剥夺了它们作为提供替代品的条件的指数的任何经济意义。这的确是米塞斯教授的观点[①],科尔(Cole)先生持同样的看法,他

---

① 参见 "Economic Calculation in the Socialist Commonwealth," 重印于 *Collectivist Economic Planning*, p. 112。

说:"在一个每个企业家脱离其他企业家独自决策的无计划的经济里,每个企业家显然会面对一个由当前的工资、租金与利息水平表示的广泛的既定成本结构……在有计划的社会主义经济里,不可能有客观的成本结构。成本可以估算到任何需要的程度……但这些估算的成本不是客观的,而是由国家公共政策决定的命令成本。[①]"然而,很容易通过回顾价格理论的核心要点将这种观点驳斥得体无完肤。

为什么在竞争性市场有客观的价格结构?因为作为求解价格参数函数的结果,通常只有一组价格满足客观均衡条件,使得每种商品的供求相等。如果社会主义经济能保留**价格参数函数**,也可以得到相同的客观价格结构。在竞争性的市场上,由于相互竞争的单个企业太多,任何一个企业都不能通过自己的行动影响价格,于是产生了价格的参数函数。在社会主义经济中,生产和劳动力以外的生产资源的所有权由中央集中控制,管理者当然能也的确能通过他们的决策影响价格。因此,中央计划委员会必须将价格的参数函数作为**核算准则**强制给管理者。所有的经济核算的实行方式都必须是,好像各种商品价格和他们的经营决策是没有关系的。就像竞争性市场上的企业家认为价格是既定的一样,为了经济核算的目的,必须将价格视为常数。

达到这一目标的技术非常简单:中央计划委员会必须制定各种商品价格,并务使各个工厂、各个行业与各种资源的所有管理人员根据中央计划委员会制定的价格进行经济核算,而不容许使用任何

---

① G. D. H. Cole, *Economic Planning*, (New York, 1935), pp. 183-184.

其他核算方式。一旦核算准则采用了价格的参数函数，价格结构就由客观的均衡条件决定。对每一组价格和消费者收入，每种商品都有一定数量的供给和需求。条件C按照最终生产资源服务的价格和分配社会红利采用的原则决定消费者的收入。有了这些既定的原则，价格就是决定商品需求和供给的唯一变量。

每种商品需求量和供给量必须相等的条件是用来选择均衡价格的，只有均衡价格能保证采取的所有决策是相互兼容的。**任何价格偏离了均衡价格，都会在经济核算结束时显示出被核算商品或者剩余，或者短缺。**所以，社会主义经济的核算价格远不是随意的，而和竞争性体制中的市场价格具有完全相同的客观特性。中央计划委员会在制定商品价格时所犯的任何错误，都会以极为客观的方式自行显示，即被核算商品或资源的实物数量是不足的或者是过剩的，而且为了维持生产的顺利运行，必须予以纠正。由于通常只有一组价格满足客观均衡条件，故产品价格和成本[①]的决定都是唯一的。[②]

我们的研究表明，社会主义经济中均衡价格的决定过程和竞争

---

① 哈耶克坚持认为，不可能确定耐用生产工具的价值，因为经过一系列变革后，"绝大多数持久耐用的生产工具和它们在生产过程中发生的各种成本只有很少的联系或没有联系"（*Collectivist Economic Planning*, p. 227）。这类耐用工具的价值本质上是资本化的准租金，只有知道了产品可以出售的价格后才能确定，这是完全正确的（*Collectivist Economic Planning*, p. 228）。但是，为什么产品的价格在社会主义经济中的确定性就应该不如在竞争性市场上呢？这是没有理由的。被考核的实业工厂的经理们只需将中央计划委员会制定的商品价格用作他们经济核算的基础就可以了。正如竞争性市场执行的功能，中央计划委员会会将商品的价格定在满足客观均衡条件的水平。

② 不过，某些情况下可能存在多重解。参阅 *Collectivist Economic Planning*, p. 69。

市场的价格决定过程极为相似。中央计划委员会发挥了市场的功能，它确立的各种规则能指导生产要素的组合、工厂产量规模的选择、整个行业产量的决定，以及将价格用作经济核算的参数。最后，它制定的价格平衡了每种商品的需求量和供给量。由此得出的结论是，用计划代替市场的各种功能既是完全可能的，也是可行的。

有两个问题值得特别的注意。第一个是关于社会红利最优分配的决定问题。假定有职业选择的自由，社会红利的分配可能影响向不同行业提供的劳动服务的数量。如果有些职业分到的社会红利比其他职业多，劳动力就会转移到分红利更多的职业。因此，社会红利的分配方式必须以不妨碍劳动服务在不同行业和职业之间的最优分配为准。最优分配是使不同行业和职业的劳动服务的边际产品价值的差异等于在这些行业或职业[①]工作的边际负效用[②]的差异。每当工资是收入的唯一来源时，就会自动出现这样的劳动服务分配。**因此，社会红利的分配必须以不对职业选择有任何影响为准。**支付给个人的社会红利必须和他的职业选择完全无关。例如，它可以按人口平均分配，或根据家庭成员的年龄或人数分配，或根据不影响职业选择的任何其他原则分配。

---

① 如果支出的劳动总量不受管制工作时间的立法或习惯等的限制，每种职业的劳动服务的边际产品价值就必须等于边际负效用。若使用了任何受限制的生产要素，那么就是劳动服务的边际净产品（从边际产品中扣除支付给受限制要素的边际支出得到）必须满足文中所说的条件。

② 要比较的只有不同职业的相对负效用，绝对负效用可能是零甚至负数。若将闲暇、安全与工作的愉悦性等纳入偏好范畴，所有的劳动成本都可以表示成机会成本。若采用这样的解释概念，就可以认为每个行业或职业都在生产联产品：即所说的商品或劳务，和闲暇、安全与工作的愉悦性等。劳动服务的分配必须使边际联产品的价值在所有行业和职业中都是相同的。

另一个问题是利率的决定。这个问题的解答必须区分为短期的和长期的。在短期,资本的数量被认为是不变的,利率只由资本需求等于可获资金数量的条件决定。当利率太低时,社会化的银行业务体系就不能满足各行业对资本的需求;当利率设定得太高时,可用来投资的资本就会出现剩余。但是,在长期,资本的数量可以通过积累增加。如果在向个人分配社会红利前由社会"共同"进行资本积累,则积累率可以由中央计划委员会**任意地**决定。

中央计划委员会的目标很可能是积累起足够的资本,使资本的边际**净**生产力为零。[①] 但是,由于技术的进步(新的人工节约装置)、人口的增加、新自然资源的发现,也可能因为需求更多地转向资本密集型方法生产的商品[②],这一目标从未实现。但是,积累率,即资本积累进展的**速度**却是任意的。

"共同"进行资本积累的积累率有任意性这一点,意味着积累率的决定反映了中央计划委员会而非消费者是如何评估收入流的最佳时间形状的。当然,可能会有人争辩,共同的资本积累会导致消费者的福利减少。只有将所有的资本积累留给个人储蓄完成[③],才能克服这个困难。但是,这和社会主义社会的组织机构几乎是不相容的[④]。我将这个问题的讨论延至本论文的后半部分。阐释了社

---

① 参阅 Knut Wicksell, "Professor Cassel's System of Economics" 重印于他的 *Lectures on Political Economy* (L. Robbins, ed., 2vols., London, 1934), Vol. I, p. 241。

② 不过,这些变化如果非常频繁,也可能产生反向的作用,减少资本的边际净生产力,因为需求频繁转向会造成资本设备遭受荒废的风险。A. P. Lerner, "A Note on Socialist Economics," *Review of Economic Studies*, October, 1936, p.72.

③ 巴龙曾发文提倡过这种方法,参见 "The Ministry of Production in the Collective State," *Collectivist Economic Planning*, pp. 278-279。

④ 当然,消费者保持储蓄的自由,从支付给他们的实际收入中储蓄多少听从意愿,

会主义社会经济均衡决定的理论后,我们再来看和竞争性市场的均衡决定方法相类似的反复试验法是如何决定经济均衡的。采用反复试验法的基础是**价格的参数函数**,由中央计划委员会从**随机**选择的一个既定的价格集合开始。生产经理和公有制生产资源管理者的所有决策,以及个人作为消费者和劳动力供给者的所有决策,都是根据这些价格做出的。这些决策的结果决定了每种商品的需求量和供给量。若商品的需求量不等于供给量,则该商品的价格必然发生变化。如果需求超过供给,则价格一定上涨;反之,如果供给大于需求,则价格一定下跌。因此,中央计划委员会制定一个新的价格集合充当新的决策的基础,结果就有一个新的需求量和供给量集合。通过这种反复试验法的过程,最终决定了各种商品的均衡价格。实际上,反复试验法的过程当然会**在历史上既定**价格的基础上进行。这些价格将不断有比较小的调整,也不必建立一个全新的价格体系。

已故的弗雷德·M. 泰勒教授对反复试验法这一过程有过极精彩的描述。他假设社会主义经济的管理者对生产要素(和所有其他商品)赋予一个暂定价值,并继续阐述如下。

如果在管理生产过程时,管理者对任何特定要素实际使用的估值太高或太低,那么这一事实很快就以不容误解的方式自行显露。因此,假设使用的是估价太高的某种特定要素……这个事实不可避免地会导致管理者过度节约地使用这种要素,这种行为反过来导

社会化的银行也为储蓄支付利息。事实上,为防止贮藏财富他们不得不这样做。但**这种利率和资本的边际净生产力没有任何必然联系,它是完全随意的**。

致现在生产周期可用的该要素数量多于这个生产周期消耗的数量。换言之,任何一种要素的过高估价都会造成这种要素的库存在生产周期末出现剩余。①

同样,估价过低会造成这种要素的库存出现短缺。"剩余或短缺——无论哪一种情况,都是一种要素每次估价错误的结果"②。通过一系列连续的试验,就能找到这种要素的正确的核算价格。

因此,社会主义经济的核算价格可以通过和竞争性市场上决定价格的相同的反复试验过程决定。为了确定各种商品价格,中央计划委员会不需要有"不同数量的所有商品的完整清单,人们将在不同商品价格任何可能的组合上购买这些可得到的商品"③。

中央计划委员会也不必求解数十万(如哈耶克教授预期的那样④)或数百万(像罗宾斯教授想象的那样⑤)的方程式。唯一必须"解答"的"方程式"是消费者和生产经理们的方程式。这些在目前经济制度中"解答"的"方程式"都是完全相同的;从事"解答"的人也是相同的。消费者通过花费他们的收入"解答"这些方程式,以便从中获取最大的总效用;生产经理们通过找到使平均成本最小化的要素组合,和使边际成本与产品价格相等的产出规模来"解答"这些方程式。他们通过反复试验法"求解"这些方程式,像马歇尔过去常说的那样,让(或想象)消费或生产**在边际上**发生微小的变

---

① "The Guidance in a Socialist State",见前文第 53 页。
② 同上。
③ "The Present State of Debate," *Collectivist Economic Planning*, p. 211.
④ 同上书,212 页。
⑤ *The Great Depression*, p. 151.

化，并观察这些变化对总效用或生产成本的影响。他们之中只有少数几个人从高等数学专业毕业。哈耶克教授和罗宾斯教授自己每天都要"解答"至少数百个方程，比如在购买报纸时或决定在餐馆吃饭时，而且推测他们不会为此目的使用行列式或雅可比矩阵。每一位雇用或解雇工人的企业家，或者买一捆棉花的企业家，也要"求解方程"。社会主义经济要"解答"的"方程式"，和资本主义经济要"解答"的"方程式"的种类和数量完全相同，不多也不少；而且必须"解答"这些方程式是完全相同的人，消费者和生产工厂的管理者。

要确定用作人们"求解方程"的参数的各种商品价格，并不需要数学，也不需要任何关于供求函数的知识。只需通过观察需求量和供应量，通过每当需求超过供给时提高商品或劳务的价格，每当需求低于供给时降低商品或劳务的价格，直到通过反复试验法发现需求和供给平衡时的价格，就算找到了正确的价格。

正如我们已经阐明的那样，为什么不能在社会主义经济中运用和竞争性市场决定价格的方法相类似的反复试验法决定资本品和公有制生产性资源的核算价格？一点儿理由也没有。的确，和在竞争性市场中发挥的作用比较，这种反复试验法似乎在社会主义经济中将会或者至少能发挥**更好的作用**。因为对整个经济体系中正在发生的事情，中央计划委员比任何私人企业在任何时候都掌握着更多的消息。因此，也能够通过比竞争市场实际耗费的时间**短得多**的一系列连续的试验，找到正确的均衡价格。① 在社会主义经济中，

---

① 在减少必需的反复试验的次数时，知道从统计推算的供求表可以有很大的帮

资本品的核算价格和公有制生产资源的核算价格是不能客观确定的，或是因为这在理论上是不可能的，或是因为没有适当的反复试验法，这种论点是站不住脚的。塔斯希（F.W. Taussig）教授在1911年将"商品不能估价"的观点归类为"不太重要"的反对社会主义的言论。[①] 自此以后的所有讨论，都找不到理由改变这一看法。

Ⅳ. 反复试验法的普遍适用性

上面描述的反复试验法，对一个没有消费选择自由和职业选择自由，且资源配置不是由消费者偏好指导，而是由负责管理经济体系的政府机构的目标和估价指导的社会主义制度也同样适用。在这种制度下，中央计划委员会决定生产那些商品，生产多少，生产的消费品按配给法分配给公民，并通过指派填补各种职业。在这样一个制度里，也可以进行合理的经济核算，只是核算反映了中央计划委员会官员们的偏好，而不是消费者的偏好。中央计划委员会必须确定一个偏好等级量表，作为消费品估价的基础。

助，狄金森想以此为基础对社会主义商品定价。这种知识虽然有用，却不是找到均衡价格所必须的。但是，如果中央计划委员纯粹通过反复试验法制定各种商品价格，生产经理们严格遵守将既定价格视为常数习惯，则在社会主义经济的某些生产部门，也可能出现蛛网理论描述的价格与产量波动现象。在这种情况下，为避免这类波动，中央计划委员就不得不人为故意使用一些价格预期来影响产量根据产品价格的调整变化，而在制定核算价格时则相反（即必须知道从统计推算的供求表）。在所有其他情况下，这种人为使用供求表都是有用的，因为它有助于缩短试验次数，避免不必要的浪费。

① F.W. Taussig, *Principles of Economics*, (New York, 1911). Vol. II, p. xvi. 也可参见 pp. 456-457。

构建这种偏好等级量表绝不是没有实际的可能性。如果知道了商品的价格,竞争性市场上的消费者在选择商品时从来都不会迟疑,尽管他一定会发现要写出自己的效用(或偏好)函数的数学公式是不可能的。同样,中央计划委员会也不需要有一个详细的偏好公式。例如,通过简单的判断,当每月生产10万顶帽子时,它给每一顶帽子指定10个货币单位的估价;当每月生产15万顶帽子时,给每一顶帽子指定8个货币单位的估价。

如果给出了中央计划委员会的偏好等级量表,就能以和前述完全相同的方式决定各种商品的价格,而在这种情况下的价格都是核算价格。中央计划委员会必须向工厂的管理者和建造者强制实施的规则是:生产要素的组合方式应使生产的平均成本最小化;对每个工厂和每个行业必须强制实施的规则是:生产的商品数量恰好能在等于边际成本的价格点"得到解释";而对最终生产资源的管理人员强制实施的规则是,这些资源必须直接分配给那些能使中央计划委员会制定的价格"得到解释"的行业。最后两条规则以前是遵循消费者偏好的结果,现在它们是遵守中央计划委员会制定的偏好等级量表的结果。因此,它们是使生产经理和生产资源的管理人员的各项决策和中央计划委员会规定的目标保持一致的规则。换句话说,这两条规则是保持计划经济内部**一致性**的规则。选择使平均成本最小化的要素组合的规则保证了执行计划的**效率**。

最后,中央计划委员会必须强制实施它自己制定的核算价格的参数函数,将它们固定下来以平衡每种商品的供给量和需求量。正如上面研究的情况一样,核算价格可以通过反复试验法确定;由此制定的均衡价格有明显的客观性。只要偏好等级量表是中央计划委员会制订的，各种商品价格就是"计划"的；一旦偏好的等级量表固定了，价格就是完全确定的。任何偏离均衡价格的价格在核算期结束时遗留的结果都是商品的剩余或短缺，就会影响生产过程的顺利运行。使用正确的核算价格对避免打乱**物质性的**生产过程非常必要，而这些价格也远非任意的。

然而，只有当一种商品的供求之间的所有差额都通过该商品价格的适当变化调剂平衡时，核算价格的确定性才成立。因此，除了向公民分配消费品外，绝不能把配给法当作平衡商品供求的方法。如果为了平衡供求的目的使用配给法，商品价格就变成任意的。即便使用配给法，在有限的范围内也有一种趋势，和当供求之间所有差额的调整都完全由定价完成时生产同样多数量的商品，观察到这一点是很有趣的。例如，如果核算价格定得太低，那么需求就会超过供给。在这种情况下中央计划委员会就必须进行干预，命令生产有关商品的行业增加产量，同时命令以该商品为生产要素的行业更节约地使用投入品。①

---

① 如图所示，令 DD' 和 SS' 分别表示需求曲线和供给曲线。BQ 是均衡价格，OB 是均衡数量。如果价格设定在 AP，则提供的数量是 OA 同时需求的数量是 OC。中央计划委员会干预的结果是，商品生产的数量将介于 OA 和 OC 之间。

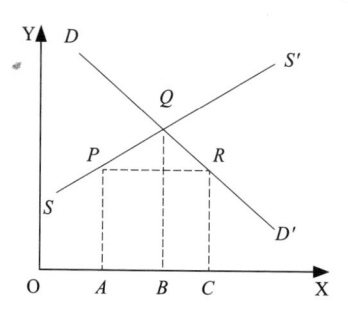

因此，配给法通过非常粗略的近似值达成的价格点——供求决定的均衡价格，来达到均衡。但是，如果配给法成为一般程序，上面列举的规则就不再是衡量生产经理的决策和计划确定的目标之间是否有一致性的可靠指标。相反，这些决策和计划的一致性就可以通过规定产量配额，并将它们与实际成果相比较来衡量（如苏联所做的）。但是，如果没有符合客观均衡条件的核算价格体系，就没有办法衡量执行计划的**效率**。因为除非价格代表生产要素的相对稀缺性，否则以最低平均成本生产的法则对计划的各种目标没有任何影响。①

制定一个受中央计划委员会官僚们强制实施的偏好等级量表指引，它并没有消费和职业选择自由的一致性和可操作性，证明这一点当然不意味我们赞许这样的制度。勒纳先生已充分阐述了这种制度的不民主特性及其和社会主义运动的各种理想的不相容

---

① 不过，有一种不需要价格就能有效率地执行生产计划的特殊情况，即固定系数生产函数。如果所有的生产要素都是受限制的，就不存在找到最优要素组合的经济问题。生产要素组合是由生产的技术需要强制规定的，但仍然存在最优产出规模的决定问题，而为了选择最优的产出规模，就需要知道各种生产要素的价格。但是，如果所有要素的需求都只和产品的产量成比例（若是第一种受限制要素的话）或者只和使用的其他要素成比例（若是第二种受限制要素的话），则边际成本和产量规模无关，也就排除了选择最优产量规模的问题——此即帕累托的固定系数生产函数情况。一种极端的特殊情况是，所有的生产系数都是固定不变的，不需要任何要素价格和成本核算，只要在技术上注意避免浪费材料等，就能维持生产效率。看来，那些否认社会主义经济也需要完整的价格体系的人士牢记的是这种情况：如果已给定要生产的消费品配额，则所有进一步的生产计划问题都是纯粹技术的，不需要价格体系或成本核算。但无须赘言，所有生产系数都是固定不变的假设是何等的不切实际。恰恰是苏联如此重视成本核算的事实表明，这种特殊情况距离现实经济运行有多远。但若成本核算要达到确保生产计划的执行效率的目的，则核算价格就不能是任意的。

性。[1]几乎任何文明的公民都不能容忍这种制度。在苏联,当生活水平处在生理最低限度的时候,可以通过配给法分配任何消费品,无论是增加食物、服装的配额还是住房容积的配额,都是受人欢迎的。但是,一俟国民收入充分增加,配给法就废弃了,很大程度上被消费品市场所取代。而且,除某些例外情况,苏联一直都有选择职业的自由。在西欧诸国或在美国,通过配给法分配消费品是完全不能想象的。

但是,消费的选择自由并不意味实际指导生产的是消费者的选择。不妨想象有这样一种经济制度,其中生产和资源配置由中央计划委员会制定的偏好等级量表指导,而用价格体系分配生产的消费品。这种经济制度有消费的选择自由,但消费者对生产经理和生产资源的管理者的各种决策没有任何影响。[2]消费品有两组价格,一组是将商品出售给消费者的市场价格,另一组则是来源于中央计划委员会制定的偏好等级量表的核算价格。生产经理进行各种决策的基础是后一组价格。

但是,社会主义社会的公民似乎不太可能容忍这样一种制度。双轨制的消费品价格向人们表明,中央计划委员会的官僚分配社会的生产资源所根据的偏好等级量表和公民的偏好等级量表是不同

---

[1] "Economic Theory and Socialist Economy," *Review of Economic Studies*, October, 1934, pp. 51-56.

[2] 当然,通过政治渠道施加影响的可能性是有的,但不存在消费者自主影响生产方向的正常经济机制。和选择的经济理论相似,萨森豪斯对通过政治渠道施加影响提出了一个非常有趣的阐释。参阅 "Ueber die öknomischie Theorie der Planwirtschaft," *Zeitschrift für Nationalökonomie*, Bd. V, pp. 511ff. (September, 1934)。

的。向人们隐瞒消费品存在双轨制价格制度几乎是不可能的，尤其是如果存在一个向公民分派职衔的机构（如苏联的工农检查局①），授予公民有权查阅会计账簿和参与社会资源的管理。

因此，仅仅在例外情况下，才允许消费品的价格偏离市场价格。例外情况是指大家普遍同意这种偏离价格是符合社会福利的利益的。譬如，大家可能会同意，应该劝阻人们对威士忌的消费，同时应该鼓励人们阅读马克思的著作或圣经（或者这两种书都读，当然这是盎格鲁-撒克逊人社区的情况），因此把这些商品的价格固定下来。但这样的事情也确实发生在资本主义社会。如果政府官员想成功地强制实施自己的偏好等级量表以指导生产，他们就必须在生产资料和生产资源的范围实行配给制，来掩盖他们的偏好等级量表和公民是不一致的。②因此，若一个社会主义社会强制实施的原则始终是把确定价格用作平衡商品供求量的唯一方法，并排除配给制，③那么，它也就有相当的信心确保中央计划委员会能够按消费者的偏好编制生产计划。

---

① 苏联的工农检查局（the Workers' and Peasants' Inspection in the Soviet Union）：该机构成立于1934年6月，并由苏维埃管理委员会（the Commission of Soviet Control）代替，其一部分职能已被工会接管。参见 Sidney and Beatrice Webb, *Soviet Communism*. (London, 1935), Vol. I, pp.99, and 474-478。

② 配给制在苏联得以大范围使用的部分原因似乎是需要隐瞒分配给官僚机构的国民收入份额，但主要的原因是未能正确地理解并利用价格机制。这种情况在"一战"后的持续和经济的重建是苏联经济官僚机构堕落的征兆。

③ 可以想象有一个最高的经济法院，它的职能是确保按照公众的利益使用全国的生产资源。正像美国最高法院有权废除各种被认为违反宪制的法律一样，最高经济法院有权撤销和上面讨论的普遍的一致性准则和效率准则相矛盾的中央计划委员会的各种决策。这种法院也会撤销任何包含配给法的决策。

V. 经济学家支持社会主义的论据

在社会主义经济中执行各项决策时，维持决策的一致性和决策与效率的一致性的各种规则，和指导完全竞争市场上企业家实际行为的各种规则完全相同。[①]竞争迫使企业家采取的各种行动，和他们在社会主义制度中担任生产经理必须做的一样多。自由竞争趋向强制实施的行为规则和理想的计划经济相类似，这一事实使竞争成为经济学家喜欢的想法。不过，倘若竞争趋向强制实施的资源配置规则和受理性指导的社会主义经济必须接受的规则相同，那么不厌其烦地谈论社会主义又有何用？如果只要能迫使社会保持竞争的标准，在现有的制度内就能取得同样的成果，那为什么还要改造整个经济制度？

但是，资源配置在竞争性的资本主义和社会主义经济之间的类似性只是一种纯粹形式上的相似。资源配置原则在**形式上**是相同

[①] 似乎存在一个明显的例外情况：行业产量的决定规则。在自由竞争的压力下，行业的产量必须使得产品的价格等于生产的平均成本，而当行业的产量使得产品的价格等于整个行业生产这一数量产品的**边际成本**时，就得到了社会的最优产量（即最好满足消费者偏好的产量）。当行业是在报酬不变的条件下生产时，这两者没有区别，因为行业承受的平均成本和边际成本是相等的。但是，如果存在外部经济或规模不经济，这两者就有区别，马歇尔早就注意到了这种情况，庇古教授也有明确的阐述。参阅 Alfred Marshall, *Principles of Economics* (8th ed., London, 1930), pp. 472 and 474-475；也可参阅 A.C. Pigou, *The Economics of Welfare* (London, 1929), pp. 223-225。不过，可以从进入成本收益核算各项的综合程度的差异中解释这种例外情况（在第105页及以后各页讨论）。

的,但**实际的**资源配置可能完全不同。这种差别归因于把社会主义经济和以生产资料私有制与私营企业为基础的经济制度区分开来的两个特征。①

一个特征是收入分配(决定经济均衡的条件C)。只有社会主义经济的收入分配方式能实现最大的社会福利。在任何以生产资料私有制为基础的经济制度中,收入分配是由最终生产资源所有权的分配决定的。这种分配是一种历史现象,其起源和社会福利最大化的要求无关。譬如在封建时代,土地不动产被资产阶级与农民革命瓦解的国家和完整无缺保留了土地不动产的国家,土地所有权的分配是不同的。在资本主义制度下,最终生产资源所有权的分配是极不平等的,很大一部分人口拥有的只是他们的劳动力。在这种情况下,需求价格不能反映不同人需求的相对紧迫性,②为消费品支付

---

① 马歇尔在讨论满足最大化的学说时,虽未考虑到社会主义经济,但已经触及这两个特征。参阅 *Principles of Economics* (8th ed., London, 1930), pp. 470-472。

② 当然,这种批评预先假定在源自不同人既定收入的不同效用是可以比较的。经济均衡理论不需要任何这样的假设,因为是对给定条件下行为的**解释**,它就只研究每个使他或她的效用最大化的个人。但是,若要用**人类福利**的大小解释不同的均衡状态,存在这样比较的可能性就是一个必要的假设[除了在《鲁滨逊漂流记》(*Robinson crusoe*)描述的经济外]。为选择不同的经济**政策**,就需要这样的解释。如果否认这种可能性,则对经济政策优点的任何判断就是不可能的,因为在执行这些政策时超越了决策和效率的纯粹的形式一致性问题。在这种情况下,为什么资源配置应该以自由的消费者选择的结果需求价格为基础,而不以独裁者的突发念头为基础,是找不到解释的理由的。中央计划委员会随机选择的任何其他偏好等级量表,也完全能进行同样的比较。否认不同人需求的紧迫性有可比性,同时又认为唯一符合经济学原理的资源配置是以需求价格为基础的,这是自相矛盾的。诚如多布(Dobb)先生中肯的评述:它是一次心智的机动,使得"道德中立的科学尊严和未消失殆尽的理解力结合,对实际事务提出判断。" (M.H. Dobb, "Economic Theory and the Problem of Socialist Economy," *Economic Journal*, December, 1933, p.591)这类文字戏法在逻辑上的推论错误很容易揭露。

的需求价格所决定的资源配置远不能实现社会福利的最大化。一些人在食不果腹挨饿时,其他人却能酒池肉林穷奢极欲。在社会主义社会,决定消费者收入的方式可以使所有人口的总福利最大化。

假设有消费选择的自由和职业选择的自由,使社会总福利最大化的收入分配必须满足以下两个条件:

(1)消费品的分配必须使不同消费者愿意支付的相同的需求价格代表同样的需求紧迫性。如果收入的边际效用对所有消费者是相同的,就可以实现这一点。

(2)工作的分配必须在不同职业之间分派劳动服务,使各种职业劳动的边际产品价值的差别等于他们从事这类职业承受的边际负效用的差别。①

假设收入的边际效用曲线对所有个人都是相同的,当所有消费者的收入相同时,就满足了条件(1)。但条件(2)要求有差别的收入,因为要确保按需分派劳动服务,各种职业有差别的边际负效用就必须通过有差别的收入来补偿。但是,矛盾是一目了然的。通过将休闲、安全及工作的愉悦性等纳入个人的效用等级量表,任何职业的负效用都可以表示为机会成本。若选择的职业提供的货币收入较低,但负效用也小,就可以解释为购买了休闲、安全及工作的愉悦性等,价格等于在该特定职业和其他职业挣得的货币收入之间的差额。因此,条件(2)要求有差别的收入是明白易见的。它们代表个人为不同的工作条件支付的价格。社会主义经济的政府管理不是对各种不同职业规定不同的货币收入,而可能向所有公民支付

---

① 不过,比较第84页注包含的限制性条件。

相同的货币收入,并向每一种职业的工作收取差价。很明显,不仅两个条件之间没有矛盾,而且条件(2)对满足条件(1)是必需的。①

如果收入的边际效用曲线对所有个人都是相同的,我们的论点就是完全成立的。②当然,这不符合现实,将不同个人收入的边际效用曲线之间的差别纳入计算的办法是向更"敏感"的人支付更高的收入。但因为这类"敏感性"的差别不能测量,故该方案是不切实际的。此外,当今社会存在的"敏感性"差别主要是由于阶级之间的社会壁垒,例如匈牙利市民比匈牙利农民更"敏感"。这种"敏感性"差别将在社会主义社会比较均质的社会阶层中消失,所有"敏感性"的差别都是纯粹的个人特征。这种个体差别可视为是按照平均误差律分布的。③因此,社会主义社会按所有个人的收入的边际效用曲线都是相同的假设分配收入,在估计不同人需求的相对紧

---

① 因此,当多布先生坚持这些条件相互矛盾时,他是错误的。除非不同职业的教育和培训是免费的,否则条件(1)对满足条件(2)也是必需的。因为如果收入的边际效用对所有消费者是不同的,则在那些有更高培训成本的职业,相对于边际负效用,劳动服务的边际产品价值(等于工资)也会更高。资本主义社会也有这种情况。在这里,那些能负担昂贵的教育和培训费用的人,相对于他们工作的边际负效用,都能得到不同比例高的支付回报。但是,如果劳动者是形成自然垄断的超凡天才(比如著名的艺术家或外科医生),条件(2)就会失效。在这种情况下,劳动服务的边际产品价值必然以某种比例超过边际负效用。如果按照他们的劳动服务的边际产品价值支付报酬,这类人就会形成一个汲取极高收入的享有特权的集团(比如苏联的作家)。但是,社会主义社会也可以按照远低于他们的劳动服务的边际产品价值向他们支付收入,而不影响这类服务的供给。参阅 M.H. Dobb, "Economic Theory and the Problem of Socialist Economy," *Economic Journal,* December, 1933, pp.591-592。

② 这不意味所有的个人都有相同的效用等级量表,尽管极易从这种假设如此推论。

③ 诸如此类不同个人收入的边际效用曲线之间的差别不纯粹是任意的,而是由年龄、家庭地位、体质虚弱等造成的,很容易识别,因此产生了差别化的收入。

迫性时能找到正确的平均值，忽略的只是随机误差，而资本主义社会的收入分配却引入了一个常在误差——一种有利于富人的阶级偏见。

另一个特征是进入核算价格体系的项目的**广泛性**，它使得社会主义经济和以私营企业为基础的资本主义经济相区别。那些项目进入核算价格体系是由历史既定的一套制度决定的。正如庇古教授已经证明的，企业家承担的私人成本和生产的社会成本是不同的。① 进入私人企业家成本账簿的项目是那些他必须为之支付价格的商品，而诸如解雇工人造成的弃用设备的维修费用、补偿各种职业疾病受害人与工伤事故受害人的费用等项目，不计入成本核算账簿；或者像克拉克（J. M. Clark）教授指明的那样，这些费用会转入社会管理费用。② 此外，还有一种情况是产品价格不包含私人生产商提供服务的费用。

一个以私营企业为基础的经济制度能接受关于生产中牺牲掉的和制造出的替代品的极不完整的记录。像在资本主义经济制度下牺牲的工人的生命、安全及健康都是最重要的替代品，却不能算是生产成本。社会主义经济能将**所有**的替代品纳入经济核算。因此，它会对生产提供的所有服务估价，将牺牲掉的所有替代品计入成本，从而也能将它的社会管理费用转换为主要成本。通过这样处理成本核算项目，它就能避免私营企业造成的大量的社会浪费。正

---

① *The Economics of Welfare*, Pt. II, chap. ix.
② J. Maurice Clark, *Studies in the Economics of Overhead Costs* (Chicago, 1923), pp. 25-27, 397-403, 463-464.

如庇古教授业已指出的,大部分这种浪费也可以在现行经济制度的框架内通过适当的立法、税收与补贴消除,但社会主义经济可以更彻底地消除社会浪费。

一个非常重要的情况是,当存在外部经济或规模不经济时,私营生产商将无法考虑收益和成本。在这种情况下,一个生产商增加产量会提高或降低其他生产商使用的生产要素的效率。因为由此产生的社会收益或社会成本不会成为个体生产商的报酬或必须承担的费用,所以他在决定产量时不可能考虑社会收益和社会成本。在自由竞争的情况下,生产商品的企业数量使得产品价格等于私营生产商承担的平均成本。因此,企业不会考虑由外部经济或规模不经济产生的社会收益和社会成本。在社会主义经济中,要求每个行业生产的数量恰好足以使该行业生产这一数量发生的**边际**成本等于产品价格的规则将自动消除这种情况。由行业产量变化导致的外部经济和规模不经济的表现形式,是行业承受的平均成本和边际成本不相等,生产的边际成本而非平均成本必须等于产品价格的规则会防止这种现象。

社会主义经济可以将所有可供选择的替代品纳入生产成本考虑,都不会受商业周期波动的影响。无论商业周期的理论解释是什么,社会主义经济都可以阻止由购买力的累积性下降导致的需求和产出的累积性收缩。当然,社会主义经济也可能发生投资领域失误、产品不符合需求等严重的错误。但这类错失导致的产量萎缩和生产要素的闲置不会扩散到整个经济体系。私营企业家在遭受严重损失时**必须**关闭他的工厂。在社会主义经济中,错误也是必须予以纠正的。但在纠正错误的过程中,可以考虑所有已生产的和已放弃的可供选择的替代品，也没有必要采用因需求和生产要素闲置的累积性收缩引发的次级效应而导致更进一步损失的方法去挽回经济体系一个部分的损失。社会主义经济能将错误**限制在某个领域**，局部的生产过剩不需要转化为普遍的生产过剩。① 因此，经济周期理论家将在社会主义经济中失去研究主题，但他积累的知识仍然有助于发现防止错误的各种途径，有助于找到挽回已发生的损失并不会导致进一步损失的各种方法。

从经济学家的观点看，社会主义经济可以按使社会福利最大化的方式进行收入分配，可以将所有可供选择的替代品纳入经济核算，这使得社会主义经济比以生产资料私有制及私营企业为基础的竞争性的经济体制② 优越，尤其是比竞争性的资本主义经济优越。因为在资本主义经济社会，大部分经济体系参与者除了劳动力外，被剥夺了一切生产资源的所有权。不过，现实的资本主义制度不是完全竞争的制度，而是一个寡头与垄断竞争占优势的经济社会。这给经济学家支持社会主义的论据增加了更有说服力的材料。最近关注垄断竞争造成浪费的理论文献非常多，因而没有必要在此重复

---

① 如果指导中央计划委员会各种决策的目标不是每项投资获取最大的利润，而是考虑整个经济体系可用的所有生产资源的最佳利用，就会始终维持足以为所有生产要素提供充分就业的投资金额。

② 在人口平均分配生产资料私有制的竞争性经济体制内，不会存在这种由收入不平等造成的缺点（马克思称这种制度是简单的商品生产）。这种制度和大规模行业是不相容的，但由于在这种制度内的收入是大致均等的，社会主义经济本身部分地体现了这种制度。因此，只要大规模生产在这些特定的领域没有更多的节约，社会主义就不需要废除小规模行业和农业中的生产资料私有制。通过适当的立法、税收与补贴，社会主义可以引导小规模企业主将所有可供选择的替代产品考虑在内，避免他们造成严重的经济波动的危险。

论证。资本主义制度已远离经济理论精心阐述的竞争性经济模式。正如我们已经阐述的,即使资本主义制度符合竞争性的经济模式,它也会远离使社会福利最大化的目标。只有社会主义经济能充分满足许多经济学家提出的关于实行自由竞争的主张。但是,资源分配原理在社会主义经济体制和私营企业竞争性体制之间的**形式上**的类似性,使得用来为竞争性体制服务而发展起来的经济均衡理论的科学方法也适用于社会主义经济。

和瓦尔拉斯与马歇尔比较,罗宾逊夫人(Mrs. Robinson)和张伯伦(Chamberlin)教授的分析更生动地刻画了现实的资本主义制度。但瓦尔拉斯与马歇尔的工作对解决社会主义经济制度的问题的帮助更大。因此,张伯伦教授和罗宾逊夫人在社会主义制度下面临失去工作的危险,除非他们同意调转至经济史教研室,将必要的理论工具作为已消逝时代的时髦玩意儿和华而不实的模型讲述给历史专业的学生,让他们理解未来将要发生的事情。

针对社会主义经济的这些优点,经济学家可能提出,如果资本积累是"共同"进行的,那么社会主义经济的资本积累率就有任意性的缺点。既未反映消费者对收入流的时间形状的偏好,故可将社会主义的积累率视为对社会福利的减少。但是,这种缺点似乎远不及已列举的优点多,重要性也小很多。况且在目前的经济秩序中,纯粹的效用考虑也只是部分地决定储蓄,**储蓄率更多地受收入分配的影响,这从经济学家的观点看是不合理的**。进一步说,罗伯逊先生已经阐明了这一点[①],而凯恩斯先生在分析决定总就业量的各种

---

① D.H. Robertson, *Banking Policy and Price Level* (London, 1926), pp. 45-47.; *Money* (rev. ed., London, 1929), pp. 93-97.

因素时,①详细说明了在资本主义经济中,公众储蓄的愿望可能由于没有适当的投资率跟进而受挫,公众储蓄倾向导致的结果是贫穷,而不是财富的增长。因此,从经济学的观点可以证明,社会主义社会"共同"决定的积累率要比资本主义社会的实际储蓄率更为合理。

还有一种反对社会主义的论据可能被人提及,那就是公职人员的效率比不上作为生产经理的私营企业主的效率。严格来说,必须把这些公职人员和在资本主义制度下的公司职员比较,而不是和私营小型企业主比较。从这一点看,这种论据是没有论证力的。对这种论据的讨论属于社会学领域,而不是经济理论领域,在此必须束之高阁。这样做不意味我们否认它的极端重要性。在我们看来,实际上**社会主义的真正危险是经济生活的官僚化**,而不是没有能力解决资源配置的问题。遗憾的是,我们看不见垄断资本主义是如何避免和社会主义同样的甚至更大的危险。接受民主管制的职员们似乎要比那些实际上不向任何人负责任的私营公司的经理们更有担当的精神。

然而,讨论社会主义经济各种优点的真正重要之处,不是比较社会主义经济和资本主义经济在社会福利上的均衡状态。虽然经济理论家有兴趣作这样一种比较,但它不是讨论社会主义的真正问题。真正的问题是,**进一步维护资本主义制度是否和经济进步相容**。

资本主义是迄今为止的人类历史见证过的最伟大的经济进步

---

① J.M. Keynes, *The General Theory of Employment, Interest, and Money* (London, 1936).

的航母,社会主义者是最后拒绝接受这种制度的人。事实上,对资本主义制度各种革命性成就的颂扬,几乎还找不到比《共产党宣言》内容更热烈的资料。《共产党宣言》中写道:资产阶级"'第一个'证明了人的活动能够取得什么样的成就。它创造了完全不同于埃及金字塔、罗马水道和哥特式教堂的奇迹;它完成了完全不同于民族大迁徙和十字军东征的远征……资产阶级,由于一切生产工具的迅速改进,由于交通的极其便利,把一切民族甚至最野蛮的民族都卷进文明中来了……资产阶级在它不到一百年的阶级统治中创造的生产力,比过去一切世代所创造的生产力还要多。自然力的征服,机器的采用,化学在工业和农业中的应用,轮船的行驶,铁路的通行,电报的使用,整个大陆的开垦,河川的通航,仿佛用法术从地下呼唤出来的大量人口——过去哪一个世纪料想到在社会劳动里蕴藏有这样的生产力呢?"但是,问题来了,生产资料私有制和私营企业这些制度能不能继续永远地促进经济进步?或者,它们是否在技术发展的某一个阶段,从经济进步的助推器变成了束缚经济继续进步的桎梏?社会主义者争论的是最后一个问题。

最近两百年来空前的经济进步归功于各种创新提高了既定组合生产要素的生产率,或创造出新的商品和服务。这类创新对私营企业的利润有两方面影响:(1)即使在自由竞争的条件下,引入创新的企业家只能获得直接的、暂时的利润或利润的增长。(2)那些使用老式生产资料的企业家,或者那些被更便宜同类产品取代的竞争性产品的企业家遭受损失,最终导致他们企业的已投资本贬值;另一方面,创新的结果是创造了新的需求,有些企业家可能因之盈利。无论如何,每次创新都必然造成某些旧投资的价值损失。

在竞争性的经济体制，由于有价格的参数函数，新企业可以自由进入每个行业，企业家和投资者就必须承受创新造成的损失和旧的投资的贬值，因为这些创新是不可抵挡的。对企业家来说，应对这种情况的唯一出路就是努力在自己的企业中引入创新，最终给其他企业造成损失。但是，当企业规模变得如此庞大，使得价格的参数函数失效，新企业（和投资）不可能自由进入该行业时，就会出现避免已投资本贬值的趋势。一个私营企业除非被竞争驱使改弦易辙，否则只有当旧的资本投资摊销完毕，或者如果成本的降低非常明显，能抵消已投资本的贬值，亦即如果平均总成本变得比用旧机器或旧设备进行生产的平均直接成本还低时，才会引入创新。但是，技术进步缓慢违背社会利益。①

当已投资本的所有权脱离了企业家的职能时，维持现有投资价值的趋势就变得更加强大，因为工业企业必须更新已投资本的全部价值，否则就会倒闭。所谓的现代金融资本主义正日益表现出这样的情况。这在一直通过发行债券融资的企业是绝对真实的，即使是一直通过发行股票融资的企业，显著下跌的股票报价也损害它的财务声誉。

但是，维持已投资本的价值和降低成本的创新是水火不容的。

---

① 从社会利益出发，应该引入**任何**可利用的技术改进，而不管对已投资本的价值产生什么影响。如果技术改进使得商品生产的平均总成本比用旧机器生产它的平均直接成本低，用新机器替换旧机器显然符合公共利益。但是，即使新生产方法的平均总成本不比旧机器生产的平均直接成本低，它的引入也符合公共利益。在这种情况下，旧机器和新机器都应该在生产中得到使用，公众因更低的商品价格受益。公众来自价格降低的利益恰好补偿了已投资的旧资本的价值损失。参见 Pigou, *The Economics of Welfare*, pp. 190-192。

罗宾斯教授非常睿智地指出了这一点：

> 维持已投资本的价值很可能意味着，发现某个行业的前景比任何其他行业的前景更具吸引力的生产商被阻止进入该行业，让提供给消费者的商品变得更便宜的降低成本的技术改进被束之高阁，愿意按照比以前更低的报酬为消费者提供服务的人们的"浪费竞争"被阻止降低价格。每个中小学生都知道，享受源自进口苞米的物美价廉和维持苞米地的价值是水火不容的，因为人们只有在进口受到限制时才会耕种苞米地。如果用国际贸易理论解释国内竞争，则它的陈词滥调不会失去任何解释力。例如，道路运输减少了铁路资本的价值的论点，和廉价食品降低了农业土地的价值的论点有同样的解释力，一点儿不多一点儿不少……从让商品变得廉价的意义上说，经济进步和保护已在特定行业投资的资本价值是不相容的。[①]

因此，当保持已投资本的价值变成了企业家的主要事务时，就必须停止更多的经济进步，或者至少大幅度减慢。

确实，维持特殊投资的价值已成为当前资本主义的主要任务。因此，干预主义和限制性主义就成了主要的经济政策。[②] 但是，由于创新非常频繁地降低其他企业或行业的资本价值，引入创新的企业或行业却不受影响，所以不可能让所有的企业或行业一起停止创

---

① *The Great Depression*, p. 141.
② 对垄断特权和特殊投资的保护也是导致超级大国之间帝国主义竞争的主要原因。

新。当新的创新压力变得如此强烈,乃至毁灭人为保持的旧投资的价值时,结果就是可怕的经济崩溃。企图阻止经济进步以保护旧投资的价值的过程和企图破灭时发生的经济大崩溃轮流上演,动摇了资本主义制度的稳固性。救治经营条件日趋动荡的唯一方法是,要么放弃保护旧投资的价值的企图,要么成功阻止技术创新。

但阻止技术进步必然使资本主义制度陷入新的困境,因为资本积累没有了有利可图的投资机会。没有了技术进步(节约人工类的)、新的自然资源的发现或人口的大幅度增加(在我们的时代,后两项的重要性不足以抵补第一项的匮缺),资本的边际净生产力很容易跌至不足以补偿资本持有人的流动性偏好的水平。当一部分行业享有的垄断地位能让它们保护自己投资的价值时,这种结果就会更加突出,因为新兴资本只能自由进入那些自由竞争仍然占优势的行业,这个事实对资本的边际**净**生产力的压制远远超过其他情况。正如凯恩斯先生出色的分析已证实的那样,[①] 这会导致通货紧缩的压力,结果是生产要素的长期闲置。

为了防止这种长期的生产要素闲置,国家不得不代替私人资本家进行大量的公共投资,后者则因投资回报率低而拒绝进入公共投资领域。除非能有效地禁止进一步的资本积累,否则国家必须越来

---

① 参阅 *The General Theory of Employment,* pp. 217-221, and 308-309. 此处应该提及的是,对资本主义制度由于资本积累在有利可图的投资机会上找不到出口而面临的各种困难,马克思主义学派中的很多著作者曾有讨论,但未达成确定性的结论。图甘·巴拉诺夫斯基(Tugan-Baranowski)、赫尔夫尔丁(Hilferding)、罗斯·卢森堡(Rosa Luxemburg)、奥拓·鲍尔(Otto Bauer)、布哈林(Bucharin)、斯坦伯格(Sternberg)、格罗斯曼(Grossmann)和斯特拉琴(Strachey)只是他们当中最重要的人物。但是,这些著作者却没成功地解释了这些困难和资本主义国家的帝国主义政策之间的关系。

越多地代替私人资本家履行投资者的职能。因此,资本主义制度似乎面临一个无法逃避的困境:阻止技术进步将使有利可图的投资机会枯竭,导致生产要素的长期闲置状态,而救治这种情况只能靠规模越来越庞大的公共投资政策;同时,如前文所述,持续的技术进步将导致对旧投资价值的保护政策,动摇资本主义制度的稳固性。

在我们看来,要成功地消除保护旧投资的价值的趋势,方法只能是废止私营企业、废除资本和自然资源的私人所有制,至少在盛行此种趋势的行业如此。可以想象的消除此种趋势的其他方法有两种。

一种方法是恢复自由竞争。不过,由于现代企业规模庞大,这种方法似乎不可能。在一个以追求私人利润为基础的经济制度中,每个企业家都有充分利用一切可能性增加他的利润的天然倾向。资本的私人所有制保护旧投资的价值的倾向是天然的,与此相同,私营企业限制竞争的倾向也是天然的。正如很久以前亚当·斯密所说:"在任何特定的商业部门或制造业部门,经销商的利益在某些方面总是不同于公众的利益,甚至相反。扩大市场和限制竞争始终符合经销商的利益。扩大市场可能常常足以符合公众的利益,但限制竞争却必然始终与之相抵触。"[1] 或者在另一段文字中:"即使是为了娱乐或消遣,同一行业的人也很少聚会,但若他们晤面会谈,结果却总是一起对付公众的阴谋或者一些提高物价的伎俩"。[2] 不能指望私营企业家或私人资本家自愿放弃提高他的利润或者他的

---

[1] *Wealth of the Nations* (Cannan's 3ᵈ. ed., London, 1922), Vol. I, p.250.
[2] 同上书,130页。

投资价值的机会：

啊！曼图亚的温文尔雅的灵魂！
你的声誉至今仍在世上传颂，
并将和世界一样万古长存！
　　　　地狱篇，第二章

　　自由竞争制度是一种非常奇怪的制度，其机制是一种愚弄企业家的技巧。为发挥职能它要求追求最大的利润，但当有更多的人现实中追求利润时它却毁灭利润。不过，只要企业单位的规模小，企业家的人数因之大，这个追求最大利润的盲人抛光轮的游戏就是可行的。但是，随着大规模工业的增长和金融控制的集中化，追求最大利润却破坏了自由竞争。

　　如果不加上政府对经济生活实施频繁的政治干预以保护利润或投资，这幅画面就是不完整的。① 政治干预也是工商企业规模和金融机构规模增长的结果。小规模企业太小，政治上无足轻重；但大公司和银行业利益集团的经济实力又太大，不可能没有重大的政治影响。只要利润最大化是所有企业活动的基础，工商企业和金融公司就不可避免地会竭尽全力利用它们的经济力量，通过适当的国家干预增加利润或它们投资的价值。② 除非国家的行政机关和立法

---

① 欧洲的频繁程度远超过美国。
② 这一点对选择企业领袖也有重要影响。在自由竞争条件下，最成功的工商企业领袖是那些能以最低成本生产商品的经营者。有了干预主义和限制主义，最优秀的商人就是那些懂得如何影响关涉自己利益和决策的国家机关的经营者（涉及关税、政府

机构是抽象的形而上学实体，超脱了任何世俗的影响力量，否则它们将屈服于这些经济金融力量的压迫。要实现对自由竞争的回归，方法只能是把大规模的企业机构分拆成小单位，消除它们的经济与政治力量。要达到这个目标，代价只能是牺牲与之联系在一起的大规模生产和批量生产的巨大经济成就。这种人为维持的自由竞争制度必然禁止利用先进的技术。

第二种可以消除维持旧投资的价值趋势的办法是：为了防止垄断和限制主义，由政府控制生产和投资。这种控制意味着在不取缔私营企业和生产资料的私人所有制的情况下可以有计划地进行生产和投资。但是，这样的计划几乎不能成功。大公司和银行业一旦形成巨大的经济实力，它们就会控制公共计划当局，而不是公共计划当局控制它们。结果是为垄断和限制性主义的利益筹划的，为公共计划当局的计划只是目标而已。

即使可以避免上述情况，这种由政府控制的生产和投资也不会成功。保留私有财产和私营企业，强迫它们去做违背追求最大利润要求的事情，就需要对投资和企业有非常大的管辖权。为实现这一点，管理者就不得不考虑实施防止限制主义者保护旧的投资价值的政府控制，强迫生产者按使他们的资本遭受实际损失的方式行动。这就打乱了现代资本主义工业的财务结构。资本家与企业家站一边，实施管控的政府当局站另一边，两者之间连续不断的摩擦将使企业瘫痪。此外，公司和大银行可以利用自己的经济实力公然反抗

补贴或禁令、有利的进口配额等）。这方面的特殊能力可以很好地补偿低成本生产能力的欠缺，最会疏通各级关系的游说家变成最成功的企业领袖。先前被视为军需品供给部门的特征在流行干预主义的资本主义成为普遍的规则。

政府当局(例如关闭他们的工厂、撤回投资,或者其他种类的经济破坏)。结果,政府要么屈从它们的反抗,放弃对追求最大利润有任何实际的干预;要么将公然反抗的公司和银行改造成公有制,移交公共管理。后一种解决方法直接通向社会主义。

因此,只有将私营企业和生产资料的私人所有制一起消灭,才能清除垄断、限制性主义和干预主义,因为私营企业与生产资料的私人所有制已从经济进步的助推器变成了束缚经济继续进步的桎梏。这当然不意味着在那些真正的竞争仍然占优势的领域,即小规模工业和农业领域,必须消灭私营企业和生产资料私人所有制,或者这样做是明智的。由于在这些领域比在社会化的行业有更高的效率,生产资料私人所有制和私营企业还可以继续发挥有益的社会功能。但现代经济生活最重要的部分离自由竞争和它离社会主义一样遥远;[①],其中充斥着各种各样的限制主义。当事情的这种状态变得无法容忍,当它和经济进步难以相容的特性变得显而易见,并且当人们认识到不可能返回自由竞争,若不将企业和投资从私人手中剥夺过来就不可能有成功的公共控制时,社会主义将仍然是唯一可资利用的解决方案。当然,这种解决方案会遭到现存社会那些既得利益阶级的反对。因此,只有剥夺了这些阶级的政治权力后,才

---

① 根据米恩斯(G.C. Means)教授撰写的报告,在美国,"所有制造业活动的多一半是由有 200 多年历史的大公司完成的,同时大公司还主宰着铁路和公用事业领域,并在基建和货物供应领域发挥着重要作用"。参阅 The United States Senate report on *Industrial Prices and Their Relative Inflexibility* (74th Congress, 1st Session, Document No. 13, p. 10)。也可参阅 A.A. Berle and G.C. Means, *The Modern Corporation and Private Property* (New York, 1933), Bk. I, chap. iii, 和 A.R. Burns, *The Decline of Competition*. (New York, 1936)。

有可能贯彻社会主义的解决方案。

Ⅵ. 关于过渡经济政策

前面论述的社会主义经济的资源配置和定价是指已经建立的社会主义制度。如果社会主义经济包括小规模私营企业部门和生产资料的私人所有制，那么这个问题就不会有任何特殊的理论困难。然而，从我们先前讨论这个问题的结果看，该部门应该满足以下三个条件：(1) 自由竞争在该部门必须占主导地位；(2) 私人生产者占有的生产资料的数量（或在社会化工业中私人股东拥有的资本数量）绝不能太大，不会导致相当不平等的收入分配状况；(3) 在长期内，小规模生产不能比大规模生产的耗费多。

但是，从资本主义向社会主义的过渡问题提出了一些特殊的问题。大多数这类问题涉及实施经济和社会秩序转变的政治战略必须采取的经济措施。但也有一些问题带有纯粹经济学的特性，因此值得经济学家的关注。

第一个问题是，生产资料转移成公共财产实行公共管理和企业社会化应该是过渡政策的第一个阶段还是最后一个阶段。在我们看来，它应该是第一阶段。社会主义政府必须立即对有关行业和银行实行**社会化改造**的过渡政策。从政府成功控制私营企业和私人投资的可能性考虑，这是前文已阐述的结论。如果社会主义政府试图控制或监督企业和投资，同时将它们留在私人手中，迫使私营企业家或资本家采取违背追求利润的要求行动，就会发生诸多的困难。最好的结果是，监管的政府机构和企业家及资本家之间连续不断的摩擦将使企业瘫痪。在这样的尝试失败后，社会主义政府将不得不要么放弃它的社会主义目标，要么继续推进有关行业和银行的社会化。

几乎普遍接受的看法是，为了避免严重的经济动荡，社会化的过程必须尽可能是渐进性的。不仅右翼社会主义者，而且左翼社会主义者和共产主义者都坚持这种经济渐进主义的理论。① 虽然后两类人认为从政治战略考虑，快速的社会化是必要的，但是他们通常承认若只考虑经济因素，渐进的社会化是更可取的方案。遗憾的是，我们不能接受这种经济渐进主义的理论。

一个建立在私营企业和生产资料的私有制的基础上的经济制度，只有在私人财产的安全和来源于财产及企业的收入的安全得到保障的情况下才能运行。而致力于建设社会主义的政府的存在恰恰是对这种安全的持续威胁。因此，资本主义经济不能在社会主义政府管理下运行，除非政府只在名义上是社会主义的。如果社会主义政府今天对煤矿实行社会化，并宣布五年后对纺织业实行社会化，我们完全可以断定，纺织业在实现社会化前将沦落为废墟。因为没有任何诱因激励受到征用威胁的业主们进行必要的投资和技术改进，并对之实施有效的管理；也没有任何政府监督或行政措施可以有效地对付业主和管理人的消极抵抗与破坏。也许，技术人员而非商人管理的行业是例外。这些受到信任就会恪尽职守的技术

---

① 在夺取政权前，俄罗斯布尔什维克将社会化想象成一个渐进过程的程度，可从列宁的著作略见一斑。参阅 Lenin, "The Threatening Catastrophe and How to Fight It." *Collected Works*, Vol. XXI. Bk. I (International Publisher, New York, 1932)。

人员，有可能完全赞同将工业转为公有制的想法。而一个适当补偿财产所有权被剥夺的业主的计划，也有助于困难的解决。但要充分有效，补偿就必须高至能涵盖被没收财产的全部价值。由于这些财产的资本价值通过垄断和限制性惯例维持在人为的高水平，补偿就不得不远远超过它们在社会主义经济中（也在资本主义的自由竞争中）的价值。这会加重社会主义政府的财政负担，从而使得社会化方案的任何更多进展都成为几乎不可能的事。因此，一个全面的社会化方案几乎不可能通过渐进性的步骤实现。

一个真正想建设社会主义的社会主义政府必须决心一鼓作气地实施它的社会化方案，或者干脆完全放弃。① 这样一个政府在夺取政权时，必然引起金融恐慌和经济崩溃。因此，社会主义政府要么保证私有财产和私营企业豁免社会化，让资本主义经济能够正常运行，放弃它的社会主义目标；要么必须以最大速度坚决果断地贯彻它的社会化方案。② 任何踌躇、任何动摇和优柔寡断都会引起不可避免的经济灾难。③ 社会主义不是怯懦者的经济政策。

另一方面，作为对快速社会化的果断政策的补充，社会主义政

---

① 这一点不仅对生产资料的社会化是正确的，对旨在迅速变革财产关系的任何政策也是正确的。譬如，和在西班牙发生的农业革命类似，如果不是农业生产被许多年的不确定性破坏，估计东部中欧许多国家的农业革命是不可能渐进性推进的。

② 所有右翼社会主义政府的悲剧就是必须在这两个替代方案之间抉择。

③ 俄罗斯布尔什维克政权在执政的最初八个月的经验清楚地说明了这一点。苏维埃政府忠实地努力避免过快的成批的工业社会化，结果就是经济崩溃。在这八个月期间，由于没有必需的财产与利润保障，也没有管理工人必需的权威，原来的业主无法管理经营他们的工厂，导致绝大多数颁布为法令的社会化政策都是不得不采取的紧急措施。更详细的资料参阅 Dobb, *Russian Economic Development since the Revolution* (New York, 1928), Chap. ii。

府必须以不容误解的方式宣布，没有明确包括在社会化措施中的所有财产和企业继续为私人占有，并**保证它绝对安全**。必须让每个人绝对清楚地知道，社会主义不反对私有财产本身，只反对那些特殊的私有财产，因为后者制造损害大多数人民群众的社会特权，或者制造经济进步的障碍。因此，凡对社会职能有益的一切生产资料私有制和一切私营企业，都将得到社会主义国家的充分保护和支持。

为避免给私有制和私营企业部门增加恐慌气氛，社会主义政府也许必须采取**一些有利于小微企业家和小额财产持有人的直接行动**（包括储蓄存款持有人和小额股票及债券持有人），来证明它的意向的严肃性。

要想取得成功，社会主义政府必须自己置身于伟大的群众运动的前列，反对垄断和限制性主义；反对帝国主义和少数人对经济的集中控制；反对社会动荡、经济动荡和经济没有保障。只有在这种包括大多数人的群众运动的推动下，社会主义政府才能快速实现自信勇敢的社会化方案。若没有这样的群众运动，办公室里的社会主义政府可能一事无成。因为我们已经阐明，如果不能通过一次伟大的、自信勇敢的行动实现社会化，政府就必须完全放弃它的社会主义目标。

如果放弃这些目标，政府就只是名义上的社会主义者，它的真实职能就是在管理资本主义经济。而要成功地继续履行这样的职能，就只有保障资本家的财产和资本主义企业家自由地实现他们的利润。在这种情况下，社会主义者还不如把行政权力移交给资本主义政府。因为资本主义政府信奉商业世界，更适合管理资本主义社会。

不过，还有一种特殊情况，就是社会主义政府即使没有实现全面社会化的力量，也可以完成资本主义政府不能执行的、有益于社会经济的任务。如果像经济萧条时的通常情况一样，资本的边际效率（由凯恩斯先生定义[①]）非常低，资本家的流动性偏好非常高，就需要一个大胆的公共投资计划将就业恢复到较高的水平。为什么资本主义政府不能进行这些投资，原则上没有理由。但由于这些投资必须在不考虑它们回报率低的情况下完成，亦即在违反资本主义经济的投资应该追求利润是最大化的基本原则下完成，它们在所有资本主义政党看来可能是"不健全的"。因此，这可能需要一个不受资产阶级的经济政策成见压制的[②]社会主义政府来恢复资本主义经济。在这种情况下，社会主义者可以成立一个有"劳动者计划"的政府来对付失业和萧条。如果劳动者计划实施成功，就能大大增加社会主义者的声望。

随着资本主义的继续衰落，将会出现很多时候资本主义政党没有能力颁布各种改革法案。甚至从保证资本主义社会正常运行的观点看，这些改革法案也是必要的。从社会学看，由于和主要的既得利益集团即垄断和金融界有密切的联系，资本主义政党可能根本不会采取任何行动损害与他们有关的既得利益，即使这些利益阻碍整个资本主义经济的正常运行。资本主义制度的经济和政治的动

[①] *The General Theory of Employment*, Chap. ii.

[②] 不过，应该提及的是，社会主义政府有时候显得比资本主义政府会更多地受资产阶级关于经济和金融成见的影响。出现这种情况的原因是社会主义政府想通过经济政策的"健全性"弥补人们对商界和金融界信心的缺乏。无需多说，甚至在这样的价格水平，社会主义政府也很难赢得大资本家和金融界的支持，同时丧失了它唯一在经济政策上的成功机会。

荡程度越大，资本主义政党就越害怕变革，唯恐承认变革的必要性是打开通往社会主义的道路。因此，甚至那些在资本主义秩序的框架内已成为必要的调整和改革，资本主义政党也不愿意付诸行动。在这种情况下，如果对改革出现了**广泛的民众需求**，社会主义者也许不得不带着劳动者计划和公众一起进行必需的改革，并组成一个誓将计划付诸行动的政府。① 如果这一步他们成功了，他们的地位就会得到加强。因此，结果证明劳动者计划或一系列劳动者计划可能是社会形态演变的重要纽带。社会形态演变的最终实现一定是在发生了有着不可抗拒力量的反对资本主义的群众运动，并且出现了强迫经济秩序和社会秩序大规模重建的推动力的时候完成的。

但是，即使一个社会主义政府的目标仅限于这种劳动者计划的范围，也需要执行方案的勇气和决心；否则就会蜕变成只是现有资本主义社会的管理者。

马歇尔认为谨慎是经济学家应该具备的主要品质之一。在谈及财产权时，他评述说："甚至那些看起来对社会生活的理想条件不适宜的权力，一部分负责任的人也会谨慎地、试验性地办理这类权力的废除或修改事宜。"② 但他没有忘记指出，现代经济学的伟大创始者不仅有缜密的谨慎，也有果断的勇气。③ 谨慎是19世纪经济学家研究现有经济制度微小改进的伟大美德，轻率的研究步骤可能

---

① 当然，这样一种政策之所以有可能性，是事先假定存在各种民主的政治制度。不过，如果受到威胁的资本主义既得利益集团竭力推翻民主政治的各种制度，使得社会主义者的工作无法开展，那么从民主政治的敌人手中夺取经济权力的必要性自动产生的结果就是社会革命。

② *Principles of Economics*, p. 48.

③ 同上书，47页。

损害供求的微妙机制，逐渐削弱工商人士的主动性和效率。但是，那些响应号召向社会主义政府建言献策的经济学家却面临着不同的任务，这项任务需要的品质也不同。因为他能推荐给社会主义政府的经济政策只有一种，那就是通向成功。这是一个**有革命勇气**的政策。

附录　马克思主义文献对社会主义资源配置的论述

了解社会主义运动的主要著作者是如何解决社会主义经济的资源配置问题的,并将他们的解决方法和现代经济理论提供的方案相比较是有趣的。因为社会主义运动的理论基础主要由马克思主义者详细阐述,故他们的观点最为重要。为此,让我们简要回顾他们当中一些最著名人物的陈述。

先说马克思。通过引述原著不难证明,马克思对此问题非常清楚,尽管他试图以一种不太令人满意的方式解决这个问题。在《资本论》中讨论"鲁滨逊·克鲁索的经济学"时,马克思写道:

> 虽然他是个有节制的人,但有几个需要他必须满足,所以必须干一些杂七杂八有用的活……自然规律本身迫使他必须将他的时间精确地分配给不同种类的工作……我们的这位朋友鲁滨逊很快从经验中学会了这一切,从沉船残骸打捞出一只手表,一个分类账本、一支笔和一瓶墨水,开始像一个道地嫡出的英国人,每天记录各种账簿。他的存货簿包含的项目有:一系列属于他的实用东西的列表,为生产这些东西所必需的各种劳作的列表,最后还有一定数量的这些东西平均耗费他的劳

动时间的列表。在这里,鲁滨逊和构成他自己创造的财富的这些东西之间的所有关系是如此的简单清晰,明白易懂,甚至塞德里·泰勒先生(Sedley Taylor)也不费力。然而,这些关系却包含确定价值必不可少的所有元素。[1]

马克思继续写道:

> 让我们现在换一种叙述方式,想象自己生活在一个自由个体人组成的社会,使用共同的生产资料工作……鲁滨逊劳动的所有特征在这儿重演,但因为有这个差别,这些特征就是社会群体的,而不是单个自由人的……我们社会的总产品是一种社会产品。一部分产品用作新的生产资料,仍然是社会的;但另一部分产品被社会成员当作生存资料消费掉。这种分配模式将随着社会的生产组织和生产者的历史发展程度变化。我们不妨假设,仅仅是为了和商品的生产保持同步,每个生产者占有的生存资料份额由他的劳动时间决定。在这样的情况下,劳动时间扮演的角色是双重的。按照明确的社会计划进行的劳动分配,要在待完成的不同种类的工作和社会的各种需要之间维持适当的比例。另一方面,它还用作计算每个人在共同劳动中所承担的部分的尺度,也是计算他在预定为个人消费的那部分总产品占有的份额的尺度。[2]

---

[1] *Capital* (E. Untermann, trans., C.H. Kerr, Chicago, 1996). Vol. I. p. 88(p. 43 of 6th German ed., Meissner, Hamberg, 1909).

[2] 同上书,90—91 页 (p.45 of 6th German ed.)。

每个工人都会在由此决定的限度内享受消费选择的自由:"他从社会收到一个证明他已经贡献了多少劳动(从他的劳动中扣除共同基金后的)的支付凭证,然后通过支付凭证从社会的货栈中提取的消费资料数量也要耗费同样多的劳动。"①

在 1868 年写给库格曼(Kugelmann)的信中,马克思非常清晰地陈述了资源配置问题的重要性:

> 每个孩子都知道,一个国家停止了工作,不要说一年,只需几周就会灭亡。每个孩子也知道,和各种不同需求对应的批量产品,需要不同批量的社会总劳动并决定不同批量劳动的数量。这种按一定比例分配社会劳动的必要性不可能被社会生产的**特殊方式**消除,而只能改变**它所采取的方式**,这是不言而喻的。自然规律不可能被消除。在不断变化的历史环境中,能够改变的是这些规律赖以运行的方式。在一个社会劳动互相联络的社会状态中,这种特定的劳动分工赖以运行的方式体现为个人劳动产品的**私人交换**,也恰恰是这些产品的**交换价值**。②

我们引述的这段文字表明,马克思充分意识到了社会主义经济

---

① *Critique of the Gotha Programme* (London, 1933), p.29. 我修改了译文中不准确的地方。

② *The Correspondence of Marx and Engels* (International Publisher, New York, 1934), p.246. 大家普遍接受的观点是马克思认为**所有**的经济规律都有历史关联性的特征,这段陈述和其他一些陈述证明此种观点是错误的。不过,马克思的观点似乎曾经是,放之四海而皆准的经济规律是如此不证自明的,乃至研究它们几乎不需要任何特殊的科学方法,因此,经济科学应该集中考察这些规律在一定的制度框架内发挥作用的特殊方式。Cf. Engels, *Anti-Dühring* (12th ed., Berlin. 1923). pp. 149-150.

的资源配置问题。但是，他似乎曾认为劳动是唯一要在不同用途之间分配的一种稀缺资源，并想通过劳动价值论解决这个问题。在此无须争辩这种解决方案不让人满意的性质，毕竟它是我们先前讨论过的主题。由于揭示了这种最简单解决方法的局限性，皮尔森教授和米塞斯教授当然应该值得研究这个问题的学生感激。①

但是，即使承认劳动价值论是解决问题的基础，也不能避免效用（或需求）的问题，或者要生产的各种商品的数量是不确定的。恩格斯清楚地认识到这一点："各种消费品提供的效用经过互相比较并和生产它们需要的劳动量比较后，才能最终决定生产计划。"② 无论谁，只要知道社会需求的概念在《资本论》第三卷中发挥的作用，就不能不承认马克思非常清楚需求（或效用）在决定资源配置中的作用。虽然和李嘉图不同的是，③ 他没能找到一个清晰的需求规律的函数表达式。马克思和恩格斯的这些理论缺陷也是古典经济学家的理论缺陷。

介绍了马克思和恩格斯，我们再来说考茨基（Kautsky）。对马克思主义思想在全世界的传播，考茨基做出的贡献比任何其他人都

---

① N.G.Pierson, "The Problem of Value in the Socialist Society," *Collectivist Economic Planning*, pp. 76ff.; 和 Von Mises, "Economic Calculation in the Socialist Commonwealth." *Ibid.*, pp. 113ff.。

② *Anti-Dühring*, pp. 225-236. 在某些善意的解释下，恩格斯的这段陈述确实被认为包含着现代解决方法的所有要点。将生产一定量商品必需的劳动量解释为**边际**量，在长期均衡时，所有的成本都可以归结为劳动成本。自然资源服务的价格可以视为差别化的租金，如果像社会主义社会资本积累的趋势那样，资本积累达到的程度使得资本的边际净生产力减少到零，就消除了利息费用。因此，每种商品的生产量就必须达到使得生产不同商品使用的边际劳动量比率等于这些商品的边际效用比率（和价格比率）。但这种消除利息的长期解决方案极少有实际用处。

③ 比较李嘉图（Ricardo）在地租理论中对需求的阐述。

多。在1902年的一次题为"革命后的日子"①的演讲中，考茨基阐述了他关于货币和价格在社会主义经济中的作用的观点。这次演讲在某种程度上是对皮尔森教授质疑的答复。他明确无误地表示，由于有消费选择自由和职业选择自由，在社会主义经济中也必须有货币和价格。因此他写道：

> 借助规模庞大的深度的劳动分工，货币是迄今为止已知的能够确保产品在像现代生产过程一样复杂的机制中流通并将它们分配给社会个体成员的最简单手段。它是让每一个人能够根据个人的愿望(当然是在他的经济能力的范围内)满足其各种必需品的手段。②

至于向社会主义经济的不同行业分配劳动，他评述道：

> ……因为劳动者不可能按军事纪律分配，也不能违背他们对各行各业的意愿分配，所以就可能发生太多的劳动者涌入某些工业部门，从而必然造成其他工业部门劳动者的匮乏。然后，只有削减劳动者太多工业部门的工资，并提高劳动者缺乏工业部门的工资，直到每个部门吸纳的劳动者达到它能够使用的人数时，才能实现必要的平衡。③

---

① 这篇"The Day after the Revolution"的演讲稿被当作 The Social Revolution 的第二部分发表。此处段落是根据1907年芝加哥凯尔(Kerr)出版社的版本引述的。
② 同上书，129页。
③ 同上书，134—135页。

遗憾的是，考茨基未考虑到计划生产要使用的标准问题。但他在 1922 年撰写的《劳动者的革命》①一书进一步发展了他的思想。他在书里重申社会主义不意味着废除货币的观点，并非常清晰地阐述了这个问题和消费选择自由的关系：

> 只有两种经济体可以没有货币：首先是已经提到过的原始经济体。若用现代经济理论表述，这意味着国家的整个生产活动将构成一个处在中央集权控制下的单独的工厂，将它的任务分配给每一个单独的企业，收缴全部人口的所有产品，并将生产资料以实物形式分配给每个企业，将消费资料以实物形式分配给每个消费者。这样一种限制状态的理想是监狱或者营房。事实上，社会主义的"自然经济"思想背后潜藏着这种未开化的千篇一律的单调性。②

在援引一位认为"自然经济"配给消费品没有困难的社会主义狂热分子的观点时，考茨基评述说：

> 情况绝非如此！如果文明人的整个生活都压缩到战争限量供应的状态，每个人都享受相同数量的面包、食肉、住所、服装，私人偏好不起任何作用，也观察不到任何区别，尽管为诗人和孩子备有特殊的膳食。遗憾的是，我们还是不知道在一

---

① 纽约 1925 年出版。1922 年在柏林出版的德文原版书名是 *Die Proletarische Revolution und ihr Programm*。

② *The Labor Revolution*, p. 260.

年的时间内,分配给每个公民的书籍有多少英担,以及每幢住所的居民去电影院的次数有多少。①

根据考茨基的说法,另一种可以没有货币的社会主义经济是所有商品都是自由品的经济体。②

考茨基也认识到价格体系对成本核算是必要的。和所有守旧派的马克思主义者一样,他将劳动价值论作为阐释社会主义经济的资源分配问题的基础。但最重要的是,他非常明确地承认,计算生产一定量商品的社会必要劳动量在实践上是不可能的:"若要计算每件产品从开始设计到最后消费阶段已耗费的劳动量,包括运输和其他附属劳动,想想将会牵涉多少劳动?"③ 因此,必须有价格体系:"根据商品包含的劳动量对商品进行估价,是难以想象的最复杂的国家机器也无法完成的,我们认为传递下来的价格形状是一个既定事实,它是长期历史过程演进的结果,虽不完美不精确,却是经济流通过程顺畅运行的唯一的实际基础。"④ 因此,货币价格是经济核算的基础:"无论社会主义社会按什么路线组织,都需要非常仔细的会计工作……如果会计收支都按**实物**记入账簿,根本就不可能实现这个目标。"⑤

无疑,战前时期正统马克思主义的伟大领袖,非常清楚马克思

---

① *The Labor Revolution*, p. 260.
② 同上书,261 页。
③ 同上书,264 页。
④ 同上书,267 页。
⑤ 同上书,262 页。

的资本主义概念和货币经济概念两者之间的区别:

> 在资本主义生产方式诞生前已经过去了数千年。货币作为价值尺度和产品的流通手段,将在社会主义社会继续存在,直至神圣的共产主义第二阶段浮现曙光。但我们尚不知道神圣的第二阶段曙光是否像千禧年王国[①]一样,不过是一个虔诚的愿望。[②]

最后,他总结道:

> 对有广泛的细密交织的劳动分工的社会运转来说,货币制度是一种必不可少的机器……为了采用自然经济的各种原始的方便有效的权宜办法,就要恢复至野蛮状态摧毁这台机器。这种打击资本主义的方法让人想起上世纪前叶头脑简单的工人们,他们认为如果他们捣毁了身边唾手可得的机器,他们就能消灭资本主义的剥削。我们的愿望不是摧毁这些机器,而是让它们能为社会服务,从而使它们变成劳动者的解放手段。[③]

但是,考茨基的这些观点难道不是偏离马克思主义思想的正统路线的异端邪说吗?也许他们不是现代马克思主义的代表,其中很

---

① "the Millennium" 在基督教神学里指世界末日前基督治理世界的一千年;此处 (Millennial Kingdom) 意指(作为乌托邦的)美满时期或太平盛世。——译者注
② 同上书,262 页。
③ 同上书,270 页。

大一部分人是马克思倡导的政治战略的激烈反对者。让我们考察另一群马克思主义领导人的观点,从引述托洛茨基的下文开始:

> 如果有一种普遍的思维能力将自己投射转移成拉普拉斯的科学幻想……这样的思维能力当然能先验地草拟一个完美无缺的、详尽周密的经济计划,内容从小麦的公顷数开始,直到运动背心的最后一颗纽扣。实际上,政府机构常常认为它可以支配控制的也只有这种思维能力;这就是为什么政府机构如此容易不受市场控制影响,不受苏联民主控制影响的原因。但在现实中,政府机构在评价它的精神才智时会犯非常可怕的错误……包括国营企业、私营企业、集体和个人在内的无数现存的经济参与者,必须预先通告他们的各种需要和各自的相对实力。通告内容不仅要通过计划委员会的统计决定,也要由市场供求的直接压力决定。经济计划由市场检验,并在很大程度上通过市场实现。市场本身的监管必须由市场环境造成的各种趋势决定。政府机构提出的蓝图必须通过商务计算证明它的经济适宜性。[①]

在批评了苏维埃经济政策后,让我们再来听听苏维埃领袖的观点。在讨论苏维埃贸易问题时,斯大林评述道:

---

① Trotsky, *Soviet Economy in Danger* (Pioneer Publishers, New York, 1932), pp. 29-30.

那么我们必须克服另一种偏见。我指左派的喋喋不休……关于苏联贸易正处在被替代的阶段……这些人远离马克思主义的程度，和天堂距地球一样遥远，他们显然没有意识到我们需要很长的时间才能富起来，直到共产主义的第一阶段，亦即社会主义发展阶段已经完成。①

但马克思期望共产主义第二阶段（有时也被称为狭义的共产主义，而第一阶段被称为社会主义）的收入分配完全脱离个人提供的劳动服务，并以"各尽所能，按需分配"这一原则为基础分配收入②。波特兰·罗素非常恰当地将这种分配形式称为"自由分享"。③当然，自由分享预先假定要分配的商品实际上是自由品。因此，像考茨基这样杰出的马克思主义者不无讽刺地说"但我们尚不知道神圣的第二阶段曙光是否像千禧年王国一样，不过是一个虔诚的愿望"。而列宁、④托洛茨基和斯大林坚定地相信，未来有可能出现这种经济发展阶段。

确实，以自由分享方式分配商品和服务的思想听起来是乌托邦。但是，如果只用来分配一部分商品，自由分享绝不像乍看起来是一种经济学胡说。从某一价格点开始，许多商品的需求变得完全没有弹性。如果某种商品的价格低于某个最小值，消费者的收入高

---

① 引自苏维埃共产党第 17 次会议的工作报告，莫斯科，1937 年 1 月 26 日—2 月 10 日。

② *Critique of the Gotha Programme* (London, 1933), p.31.

③ Bertrand Russell, *Roads to Freedom* (London, 1919), pp.107ff.

④ 参见 Lenin, "The State and Revolution," chap. v, sec. 4, *Collected Works*, Vol. XXI, Bk. II(1932); and Trotsky, *The Revolution Betrayed* (New York, 1937), pp. 45-60。

于这个最小值，则消费者就会把这种商品当作**好像是自由品**看待，这种商品被消费的数量使得它满足的消费者欲望完全**饱和**，譬如盐。在冬季，富人也会吃面包或取暖。在一个面包切片的边际效用等于其价格的边际效用的点，他们不会停止吃面包，出于同样的理由也不会拒绝取暖。或者非要肥皂的价格降到零的程度，才能诱导他们在使用肥皂时变得这么自由吗？即使价格为零，富人消费的食盐、面包、燃料与肥皂的数量也不会增加很多。这类商品甚至在价格为正数时就已达到饱和。如果价格已经非常低，收入又非常高，使得这些商品的消费数量等于**饱和量**，则自由分享可以用作分配方法。[①] 我们现在的社会已经按这种方式分配某些服务。

如果一部分商品和服务按自由分享的方式分配，则价格体系只需涵盖其余的商品和服务。但是，虽然对按自由分享方式分配的商品的需求有范围限制，数量固定，但为了能找到生产它们的最佳组合要素和最优产出规模，就必须考虑成本。必须按等于这些商品的生产成本的金额扣减消费者的货币收入。可以说，这只是意味着自由分享提供了一个消费的"社会化部门"，它的成本要由税收承担（因为适才提及的扣减消费者货币收入的金额正是抵补自由分享方式消费的税收）。资本主义也存在社会这样的部门，例如免费教育、由社会保险提供的免费医疗服务、公园和在卡塞尔配对意义上的所有集体愿望（譬如街道照明）。完全可以想象，随着财富的增加，这样的部门也会增加，而且按自由分享方式分配的商品数量与日俱增，直至最后按这种方式分配所有的生活基本必需品，而按价格体

[①] Bertrand Russell, *Roads to Freedom* (London, 1919), pp.109-110.

系分配的方式将限制在优等品和奢侈品范围，由此就可以渐渐接近马克思描述的共产主义的第二阶段。

上面援引的几段叙述足以证明，马克思主义学派的主要作家非常清楚价格体系在社会主义经济中的必要性。因此，断言马克思主义的社会主义者未能看到这个问题，也没有提出解决办法，实在是危言耸听。实际情况是，他们只在劳动价值论的视域内发现并解决了这个问题，因此受到古典理论的所有局限性的束缚。但应该提到的是，在意大利，归功于帕累托的影响，社会主义作家在这一领域要进步很多。

因此，在这一问题上，传统马克思主义与现代立场之间的区别不过是应用了不同的分析技术。只有现代边际分析方法提供的技术才能使我们令人满意地解决这个问题。米塞斯教授质疑的巨大功劳是启迪社会主义者寻找更令人满意的解决方案，而且千真万确的是，只是在这种质疑以后，许多社会主义者才意识到这个问题的存在。但是，正如我们已经阐明的，那些过去或现在没有意识到适当的价格体系和经济核算在社会主义经济中的必要性和重要性的社会主义者，不仅落后于经济分析的现状，甚至都没有掌握马克思主义学说的伟大遗产。

推 荐 文 献

BARONE, ENRICO, "The Ministry of Production in the Collectivist State," reprinted in *Collectivist Economic Planning* (F. A. von Hayek, ed., Routledge, London, 1935).

DICKINSON, H. D., "Price Formation in a Socialist Community," *Economic Jourrnal*, Vol. XLIII (June, 1933).

DOBB. M. H., "Economic Theory and the Problem of a Socialist Economy," *Economic Journal*, Vol. XLIII (December, 1933).

——, *Political Economy and Capitalism* (London, 1937).

DURBIN, E. F. M., "Economic Calculus in a Planned Economy," *Economic Journal*, Vol. XLVI (December, 1936).

HALL, R. L., *The Economic System in a Socialist State* (London, 1937).

HALM, GEORG, "Further Considerations on the Possibility of Adequate Calculation in a Socialist Community," in *Collectivist Economic Planning* (F. A. von Hayek, ed., Routledge, London, 1935).

HAVEK, F. A. von, "The Nature and History of the Problem," chap. i; "The Present State of the Debate," chap. v, in *Collectivist Economic Planning* (Routledge, London, 1935).

HEIMANN, EDUARD, *Sozialistische Wirtschafts- und Arbeitsordnung* (Potsdam, 1932).

——, "Planning and the Market System," *Social Research*, Vol. I (November, 1934).

KNIGHT, F. H., "The Place of Marginal Economics in a Collectivist System,"

American Economic Review, supplement to Vol. XXVI (March, 1936).

LANDAUER, CARL, *Planwirtschaft und Verkehrswirtschaft* (Munich, 1931).

——, "Value Theory and Economic Planning," *Plan Age*, Vol. III (October, 1937).

LERNER, A. P., "Economic Theory and Socialist Economy," *Review of Economic Studies*, Vol. II (October, 1934).

——, "A Note on Socialist Economics," *Review of Econonnic Studies*, Vol. IV (October, 1936).

——, "Statics and Dynamics in Socialist Economics," *Economic Journal*, Vol. XLVII (June, 1937).

MEYER, GERHARD, "A Contribution to the Theory of Socialist Planning," *Plan Age*, Vol. III (October, 1937).

MISES, LUDWIG VON, "Economic Calculation in the Socialist Commonwealth," reprinted in *Collectivist Economic Planning* (F. A. von Hayek, ed., Routledge, London, 1935).

——, *Socialism* (New York, 1937). Translated by J. Kahane from the revised 1932 edition of *Die Gemeinwirtschaft*.

MOSSÉ, ROBERT, "The Theory of Planned Economy: A Study of Some Recent Works," *International Labour Review*, September, 1937. Also reprinted, in slightly shortened form, in *Plan Age*, Vol. III (October, 1937).

PIERSON, N. G., "The Problem of Value in the Socialist Society," reprinted in *Collectivist Economic Planning* (F. A. von Hayek, ed. , Routledge, London, 1935).

PICOU, A. C., *Socialism versus Capitalism* (Macmillan, London, 1937).

ROBBINS, LIONEL, *The Great Depression* (London, 1934).

ROPER, W. CROSBY, *The Problem of Pricing in a Socialist State* (Cambridge, Massachusetts, 1929).

SWEEZY, A. R., "The Economist's Place under Socialism," in *Explorations in Economics: Essays in Honor of F. W. Taussig* (Cambridge, Massachusetts, 1937).

TAYLOR, FRED M., "The Guidance of Production in a Socialist State," *American Economic Review*, Vol. XIX (March, 1929).

WOOTTON, BARBARA, *Plan or No Plan* (London, 1934).

ZASSENHAUS, H., "Ucber die ökonomische Theorie der Planwirtschaft," *Zeitschrift für Nationalökonomie*. Bd. V (September, 1934).

译者后记

20世纪30年代，正值蓬勃发展的苏联社会主义经济和普遍萧条的世界资本主义经济形成鲜明对照，自由竞争资本主义正逐渐为垄断竞争、寡头和垄断资本主义代替的阶段。反映在理论上，不只有由来已久的马克思主义经济学和主流经济学趋于白热化的交锋辩论，更有源自资本主义经济病症激发的各种新思潮新理论的纷纷萌发。大家熟知凯恩斯的《就业、利息和货币通论》和张伯伦的《垄断竞争理论》就是对变化的经济现实探索研讨的结晶，而这本小册子辑录的三篇文章，则是社会主义经济学家以成熟的新古典经济学为基础，和主流经济学家就社会主义经济体制代替资本主义经济体制的原因、实现策略及运行方式交锋论战的成果。除编者的引论外，选编的两篇文章都是关于社会主义经济的指导理论和运行管理方式的经典文献，尤其在冠以本书题名的"社会主义经济理论"一文中，兰格把市场机制的作用引入社会主义经济，前瞻性地建立了关于市场社会主义的经济模型，即著名的"兰格模型"，开创了分析社会主义经济市场机制运行的先例。本书提出的"社会主义经济理论"为当时论战时的观点，而当今中国社会主义经济理论已有发展和变革。

岁月流逝，带不走波澜壮阔的历史在经济理论领域划过的痕迹；本书的初版仅与中国共产党的成立相隔一旬，今日翻译，不禁让译者联想到"两个一百年"，祈愿中国社会主义市场经济长盛不衰！

本书根据美国纽约州奥古斯塔斯·M.凯莱出版社（Augustus M. Kelley）1970年重印本译出，原书是1939年由明尼阿波利斯市明尼苏达州大学出版社发行。感谢本书的责任编辑金晔编辑的鼎力襄助与付出，译者囿于水平，纰漏差误难免，敬祈专家读者不吝斧正！

张辑

2018年2月于上海

经济学名著

第一辑书目

凯恩斯的革命	〔美〕克莱因 著
亚洲的戏剧	〔瑞典〕冈纳·缪尔达尔 著
劳动价值学说的研究	〔英〕米克 著
实证经济学论文集	〔美〕米尔顿·弗里德曼 著
从马克思到凯恩斯十大经济学家	〔美〕约瑟夫·熊彼特 著
这一切是怎么开始的	〔美〕W.W.罗斯托 著
福利经济学评述	〔英〕李特尔 著
增长和发展	〔美〕费景汉 古斯塔夫·拉尼斯 著
伦理学与经济学	〔印度〕阿马蒂亚·森 著
印度的货币与金融	〔英〕约翰·梅纳德·凯恩斯 著

第二辑书目

社会主义和资本主义的比较	〔英〕阿瑟·塞西尔·庇古 著
通俗政治经济学	〔英〕托马斯·霍吉斯金 著
农业发展：国际前景	〔日〕速水佑次郎 〔美〕弗农·拉坦 著
增长的政治经济学	〔美〕保罗·巴兰 著
政治算术	〔英〕威廉·配第 著
歧视经济学	〔美〕加里·贝克尔 著
货币和信用理论	〔奥地利〕路德维希·冯·米塞斯 著
繁荣与萧条	〔美〕欧文·费雪 著
论失业问题	〔英〕阿瑟·塞西尔·庇古 著
十年来的新经济学	〔美〕詹姆斯·托宾 著

第三辑书目

劝说集	〔英〕约翰·梅纳德·凯恩斯 著
产业经济学	〔英〕阿尔弗雷德·马歇尔 玛丽·佩利·马歇尔 著
马歇尔经济论文集	〔英〕阿尔弗雷德·马歇尔 著
经济科学的最终基础	〔奥〕路德维希·冯·米塞斯 著
消费函数理论	〔美〕米尔顿·弗里德曼 著

货币、就业和通货膨胀	〔美〕罗伯特·巴罗　赫歇尔·格罗斯曼 著
论资本用于土地	〔英〕爱德华·威斯特 著
财富的科学	〔英〕J.A.·霍布森 著
国际经济秩序的演变	〔美〕阿瑟·刘易斯 著
发达与不发达问题的政治经济学	〔美〕查尔斯·K.威尔伯 编

第四辑书目

中华帝国的专制制度	〔法〕魁奈 著
政治经济学的特征与逻辑方法	〔英〕约翰·埃利奥特·凯尔恩斯 著
就业与均衡	〔英〕阿瑟·塞西尔·庇古 著
大众福利	〔西德〕路德维希·艾哈德 著
外围资本主义	〔阿根廷〕劳尔·普雷维什 著
资本积累论	〔英〕琼·罗宾逊 著
凯恩斯以后	〔英〕琼·罗宾逊 编
价值问题的论战	〔英〕伊恩·斯蒂德曼　〔美〕保罗·斯威齐等 著
现代经济周期理论	〔美〕罗伯特·巴罗 编
理性预期	〔美〕史蒂文·M.谢弗林 著

第五辑书目

宏观政策	〔英〕基思·卡思伯森 著
经济学的边际革命	〔英〕R.D.C.布莱克 A.W.科茨　克劳弗德·D.W.古德温 编
国民经济学讲义	〔瑞典〕克努特·维克塞尔 著
过去和现在的政治经济学	〔英〕L.罗宾斯 著
1914年以后的货币与外汇	〔瑞典〕古斯塔夫·卡塞尔 著
政治经济学的范围与方法	〔英〕约翰·内维尔·凯恩斯 著
政治经济学论文五篇	〔英〕马尔萨斯 著
资本和收入的性质	〔美〕欧文·费雪 著
政治经济学	〔波兰〕奥斯卡·R.兰格 著
伦巴第街	〔英〕沃尔特·白芝浩 著

第六辑书目

| 对人进行投资 | 〔美〕西奥多·舒尔茨 著 |

经济周期的规律与原因	〔美〕亨利·勒德韦尔·穆尔 著
美国经济史 上卷	〔美〕福克讷 著
美国经济史 下卷	〔美〕福克讷 著
垄断资本	〔美〕保罗·巴兰，保罗·斯威齐 著
帝国主义	〔英〕约翰·阿特金森·霍布森 著
社会主义	〔奥〕路德维希·冯·米塞斯 著
转变中的美国经济	〔美〕马丁·费尔德斯坦 编
凯恩斯经济学的危机	〔英〕约翰·希克斯 著
就业理论导论	〔英〕琼·罗宾逊 著

第七辑书目

社会科学方法论探究	〔奥〕卡尔·门格尔 著
货币与交换机制	〔英〕威廉·斯坦利·杰文斯 著
博弈论与经济模型	〔美〕戴维·M.克雷普斯 著
英国的经济组织	〔英〕威廉·詹姆斯·阿什利 著
赋税论 献给英明人士 货币略论	〔英〕威廉·配第 著
经济通史	〔德〕马克斯·韦伯 著
日本农业的发展过程	〔日〕东畑精一 著
经济思想史中的经济发展理论	〔英〕莱昂内尔·罗宾斯 著
传记集	〔英〕约翰·梅纳德·凯恩斯 著
工业与贸易	〔英〕马歇尔 著

第八辑书目

经济学说与方法史论	〔美〕约瑟夫·熊彼特 著
赫克歇尔-俄林贸易理论	〔瑞典〕伊·菲·赫克歇尔 戈特哈德·贝蒂·俄林 著
论马克思主义经济学	〔英〕琼·罗宾逊 著
政治经济学的自然体系	〔德〕弗里德里希·李斯特 著
经济表	〔法〕魁奈 著
政治经济学定义	〔英〕马尔萨斯 著
价值的尺度 论谷物法的影响 论地租的本质和过程	〔英〕马尔萨斯 著
新古典宏观经济学	〔美〕凯文·D.胡佛 著
制度的经济效应	〔瑞典〕托斯坦·佩森 〔意〕吉多·塔贝林尼 著

第九辑书目

资本积累论	〔德〕罗莎·卢森堡 著
凯恩斯、布卢姆斯伯里与《通论》	〔美〕皮耶罗·V. 米尼 著
经济学的异端	〔英〕琼·罗宾逊 著
理论与历史	〔奥〕路德维希·冯·米塞斯 著
财产之起源与进化	〔法〕保罗·拉法格 著
货币数量论研究	〔美〕米尔顿·弗里德曼 编
就业利息和货币通论	〔英〕约翰·梅纳德·凯恩斯 著　徐毓枬 译
价格理论	〔美〕米尔顿·弗里德曼 著
产业革命	〔英〕阿诺德·汤因比 著
黄金与美元危机	〔美〕罗伯特·特里芬 著

第十辑书目

货币改革论	〔英〕约翰·梅纳德·凯恩斯 著
通货膨胀理论	〔奥〕赫尔穆特·弗里希 著
资本主义发展的长波	〔比〕欧内斯特·曼德尔 著
资产积累与经济活动 / 十年后的稳定化政策	〔美〕詹姆斯·托宾 著
旧世界 新前景	〔英〕爱德华·希思 著
货币的购买力	〔美〕欧文·费雪 著
社会科学中的自然实验设计	〔美〕萨德·邓宁 著
马克思《资本论》形成史	〔乌克兰〕罗斯多尔斯基 著
如何筹措战争费用	〔英〕约翰·梅纳德·凯恩斯 著
通向繁荣的途径	〔英〕约翰·梅纳德·凯恩斯 著

第十一辑书目

经济学的尴尬	〔英〕琼·罗宾逊 著
经济学精义	〔英〕阿尔弗雷德·马歇尔 著
更长远的观点——政治经济学批判论文集	〔美〕保罗·巴兰 著
经济变迁的演化理论	〔美〕理查德·R. 纳尔逊　悉尼·G. 温特 著
经济思想史	〔英〕埃里克·罗尔 著
人口增长经济学	〔美〕朱利安·L. 西蒙 著
长波周期	〔俄〕尼古拉·D. 康德拉季耶夫 著

自由竞争的经济政策	〔美〕亨利·西蒙斯 著
社会改革方法	〔英〕威廉·斯坦利·杰文斯 著
人类行为	〔奥〕路德维希·冯·米塞斯 著

第十二辑书目

自然的经济体系	〔美〕唐纳德·沃斯特 著
产业革命	〔美〕查尔斯·A.比尔德 著
当代经济思想	〔美〕悉尼·温特劳布 编
论机器和制造业的经济	〔英〕查尔斯·巴贝奇 著
微积分的计算	〔美〕欧文·费雪 著
和约的经济后果	〔英〕约翰·梅纳德·凯恩斯 著
国际经济政策理论（第一卷）：国际收支	〔英〕詹姆斯·爱德华·米德 著
国际经济政策理论（第二卷）：贸易与福利	〔英〕詹姆斯·爱德华·米德 著
投入产出经济学（第二版）	〔美〕沃西里·里昂惕夫 著

图书在版编目(CIP)数据

社会主义经济理论/(波)奥斯卡·兰格,(美)弗雷德·M.泰勒著;张辑译.—北京:商务印书馆,2025
(经济学名著译丛)
ISBN 978-7-100-23455-9

Ⅰ.①社… Ⅱ.①奥… ②弗… ③张… Ⅲ.①社会主义经济—经济理论—文集 Ⅳ.①F04-53

中国国家版本馆CIP数据核字(2024)第092188号

权利保留,侵权必究。

经济学名著译丛
社会主义经济理论
〔波兰〕奥斯卡·兰格 〔美〕弗雷德·M.泰勒 著
张辑 译

商 务 印 书 馆 出 版
(北京王府井大街36号 邮政编码100710)
商 务 印 书 馆 发 行
北京盛通印刷股份有限公司印刷
ISBN 978-7-100-23455-9

| 2025年1月第1版 | 开本850×1168 1/32 |
| 2025年1月北京第1次印刷 | 印张3⅜ |

定价:29.00元